Anne-Marie Nageleisen

Gärtnern im Quadrat

Das Praxisbuch

Aus dem Französischen von Sabine Hesemann

Ulmer

Inhalt

Gärtnertipps

Warum eigentlich Gärtnern im Quadrat?

Ich besaß einmal einen Gemüsegarten mit Beetreihen ...

Es machte Freude, den Boden zu bearbeiten und meine natürlich angebauten Gemüse mit ihrem unvergleichlichen Geschmack zu verspeisen. Doch welche Mühe! Die vielen Stunden, die ich für das Jäten, Durchhacken und Umgraben aufwenden musste, verdarben mir den Spaß, den ich bislang am Gemüseanbau gehabt hatte. Es kam sogar vor, dass ich Schuldgefühle bekam, wenn der Garten aus Zeitmangel mit Unkraut übersät war. In Wirklichkeit war das unnötig, denn ich hatte mein Bestes getan. Der Gemüsegarten mit Beetreihen passte schlichtweg nicht zu meinem Lebensrhythmus und verlangte mir mehr ab, als ich zu leisten vermochte. Was konnte ich also tun? – Den Gemüsegarten anders einteilen!

Im Jahr 2003 legte ich kleine Terrassen auf meinem Hanggrundstück an. Als ich mir überlegte, wie ich meine Gemüsekulturen auf diesen neuen, geraden Parzellen planen wollte, las ich eine Seite im Internet über *Square Foot Gardening*. Diese Idee des US-Amerikaners Mel Bartholomew propagiert den Gemüseanbau auf kleinen Quadraten von etwa 30 × 30 cm. Ich besaß seinerzeit außer dieser Grundidee keinerlei gartenpraktische Informationen und stürzte mich blindlings in die Umsetzung. Ich machte etliche Fehler, beispielsweise setzte ich die Kulturen zu dicht oder eher wahllos. Da mein Garten neben einem Schulhof lag, säte ich spaßeshalber im Muster des Alphabets – die Radieschen in Form eines R und Ähnliches. Doch ich versuchte auch das Verfahren zu verstehen und meine Anbaupraxis zu verbessern, da ich die Vorteile dieser quadratischen Anordnung rasch erkannte.

Die Vorteile der Quadratgärtnerei

- Sie eignet sich für kleine Flächen.
- Sie ermöglicht den gleichzeitigen Anbau einer ausreichenden Menge sehr vieler Gemüsesorten.
- Die Pflege, insbesondere Jäten und Hacken, hält sich in Grenzen, da die Kulturen eng beisammen stehen.
- Die Arbeiten lassen sich bequem erledigen, da man jedes Beetquadrat gut erreicht, ohne sich Rückenschmerzen zu holen.
- Sie sieht hübsch aus. Die Quadrate gliedern mit den sie umgebenden netten Wegen den Raum, Gemüse wächst zwischen Blumen oder Küchenkräutern, Zierpflanzen können am Rand platziert werden.
- Und zuletzt ist sie dank der sorgfältigen Bodenbearbeitung und des Erhalts der Pflanzenvielfalt auch noch ökologisch.

Eine vollwertige Anbaumethode

Zwischenzeitlich habe ich mehrere Gemüsegärten mit Beetquadraten in unterschiedlichen Regionen, auf unterschiedlichen Böden und bei unterschiedlichen Klimaverhältnissen verwirklicht. Manchmal habe ich die quadratischen Parzellen auf einem Gelände angelegt, das von Reihenkulturen umgeben war, wie in den schönen Gärten von Fontaine-Daniel. Durch den Austausch mit anderen Gemüsegärtnern und den unmittelbaren Vergleich von Reihenkultur und Quadratbeeten kann ich sagen, dass der Anbau in quadratischen Parzellen effizient, produktiv und ökologisch ist.

Doch einige wichtige Regeln sind zu beachten:

- Der Anbau erfolgt idealerweise in quadratischen Parzellen von 40 × 40 cm. Ich habe die Originalmethode (30 × 30 cm) gründlich ausprobiert, bin jedoch zu dem Schluss gekommen, dass die Gemüsepflanzen dann zu dicht stehen und nicht so viel Ertrag abwerfen, außerdem sind sie anfällig für Pilzerkrankungen.
- Die Nutzung der Fläche wird optimiert, also das Verhältnis von Fläche zu Ertrag verbessert, wenn man sich an die Aussaat- und Pflanzschemata hält, denn diese berücksichtigen die Bedürfnisse der einzelnen Gemüsesorten.
- Die Kulturen werden gemäß der Vorgaben für Vergesellschaftung und Fruchtwechsel geplant, was größtmöglichen Ertrag und eine anhaltend gute Bodenqualität garantiert.
- Um die Beetquadrate werden Nutzpflanzen kultiviert, die man zur Herstellung natürlicher Hilfsstoffe verwendet, und Zierpflanzen zur Erweiterung der Pflanzenvielfalt. Das verhilft außerdem zu einem günstigen Mikroklima für den Gemüseanbau.
- Der Boden wird regelmäßig auf natürliche Weise bearbeitet, damit er fruchtbar und humos bleibt.

Ein Gemüsegarten mit Beetquadraten ist kein Miniaturgarten – gelegentlich hört man diese Behauptung. Nein, und nochmals nein. Das Gemüse aus einem derartigen Anbau entwickelt sich genauso und hat auch denselben Ertrag wie in jedem anderen Gemüsegarten. Und genau deshalb muss man sich um den Garten genauso intensiv kümmern und die Pflanzschemata und die Empfehlungen dieses Buches unbedingt befolgen. Beachten Sie bitte: Nach einer geschickten Planung mit acht Kulturbeeten von 1,20 × 1,20 m (also 72 Parzellen à 40 × 40 cm; siehe Seite 14), bekommen Sie genug Ertrag für die Selbstversorgung mit Gemüse für zwei Personen.

Gärtnertipp

Gärtnern im Quadrat ist Gemüseanbau 2.0

Ich habe schon viele enttäuschte Gemüsegärtner gesehen, weil der Boden schlecht vorbereitet war, die Gemüse am falschen Standort standen oder zu eng bzw. durcheinander. Der Gemüseanbau in Quadraten macht die Pflege einfacher, doch einige Grundkenntnisse des Gärtnerns und etwas Aufmerksamkeit sind dennoch erforderlich. Sie werden in diesem Buch durchweg in Form von Infokästen unter der Überschrift „Gärtnertipp“ präsentiert. Manche sind allgemein gültig, andere speziell für die Kultur von Quadratbeeten formuliert.

Naturquadrate für jeden Geschmack

Die Grundlagen dieser im folgenden Kapitel eingehend erläuterten Anbautechnik sind sehr flexibel und lassen sich bei vielen Ausgangssituationen anwenden. Die quadratischen Parzellen können auf kleiner Fläche angelegt werden, als ein Garten, in dem man zwischen Gemüse, Blumen, Farben und Gerüchen umherspazieren kann. Oder sie fügen sich in eine landschaftlich angelegte Fläche ein. An anderer Stelle nehmen die Quadrate den auf einer Terrasse oder einem Balkon verfügbaren Platz ein. Und schließlich könnte man sie auch gut als Hochbeete anlegen, damit Personen mit eingeschränkter Mobilität oder Rückenleiden problem- und schmerzlos gärtnern können (siehe Seite 14 und 18). Auch die Platzierung der einzelnen Kulturbeete zueinander ist frei planbar und wie das Baumaterial für die Beetumrandungen der Vorstellung und dem Schönheitsempfinden des Gemüsegärtners überlassen.

Der Quadratanbau bietet unzählige Möglichkeiten, sodass jeder die passenden „Naturparzellen" hat und in den Genuss kommt, selbst angebautes Gemüse zu essen.

Wenn Ihnen neben der Frage der Anlage noch Bedenken bleiben, weil Sie nicht wissen, wie man auf diese Weise gärtnern kann, so nehmen Ihnen hoffentlich die Kulturanleitungen dieses Buches alle Furcht. Sie beschreiben genau, welche Bedürfnisse die einzelnen Gemüsearten haben und geben detaillierte Arbeitsanweisungen von der Pflanzung bis zur Ernte.

Als Gärtnerin oder Gärtner wird man nicht geboren, sondern man entwickelt sich dazu. Den grünen Daumen bekommt man erst durch Wissen, durch das Bewusstsein dessen, was man gerade tut, durch Aufmerksamkeit für die Pflanzen, um die man sich kümmert, durch Empfänglichkeit, die man für die Umwelt entwickelt. Wir alle können durch Hinzulernen mit jeder Saison mehr zum „Quadratgärtner" werden.

In Maries Gemüsegarten

Maries Gemüsegarten – diesen Namen gebe ich jedem meiner Gemüsegärten mit Beetquadraten, weil sie ein Teil von mir sind. Darin ackere ich nach den Regeln der Quadratgärtnerei und wie bei den Betonungen eines Musikstücks gibt es 1001 persönliche Akzente, Kniffe und Ideen zur besseren Planung, Achtsamkeiten für bestimmte Gemüsesorten, besondere Gärtnertipps und mehr. Manche davon werden in den blauen Textboxen mit dem Titel „In Maries Gemüsegarten" vorgestellt.

Kleingarten und Balkon

Damit Sie nicht auf das Vergnügen des Gemüseanbaus verzichten müssen, weil Sie in einer Wohnung mit Balkon wohnen bzw. nur einen kleinen Garten haben, informiert dieses Textfeld über geeignete Gemüse für die Topfkultur oder die Kombination mit Zierpflanzen.

Grundlagen des Gärtnerns im Quadrat

Das A und O eines Gemüsegartens im Quadrat

Mithilfe dieser Informationen können Sie mit Leichtigkeit eines oder mehrere holzumrandete quadratische Beete zu je neun Parzellen anlegen.

Die Grundlagen dieser Methode sind einfach:

- Gemüse wird in quadratischen Parzellen von 40 × 40 cm Seitenlänge angebaut.
- Die Parzellen werden nebeneinander platziert, direkt angrenzend, sodass ein großes Quadrat, das Kulturbeet, entsteht.
- Die Seitenlänge des Kulturbeetes sollte 1,20 m nicht überschreiten, damit man selbst die mittige Parzelle auf Armeslänge erreicht.
- Das quadratische Kulturbeet wird von einem 15–20 cm hohen Holzrahmen eingefasst.

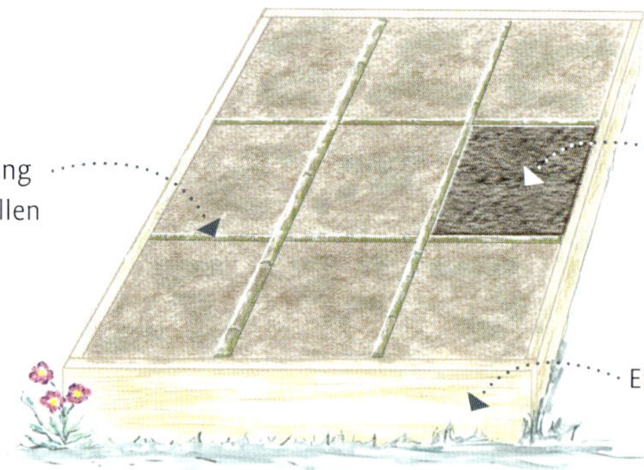

- Jedes Quadrat bzw. jede Parzelle wird mit einer einzigen Gemüseart bestellt und der Bestand unterscheidet sich von Parzelle zu Parzelle gemäß dem Pflanzplan von Seite 24.
- Die Kulturbeete werden von 80 cm breiten Wegen erschlossen. Diese Breite ermöglicht bequemes Arbeiten in der Hocke, und der Bewässerungsschlauch sowie die Schubkarre können mühelos bewegt werden.

Rechts:
In Maries Gemüsegarten sind die Kulturbeete unterschiedlich dimensioniert, um alle Möglichkeiten des Anbaus im Quadrat auszuloten.

Diese Gebrauchsanleitung kann gegebenenfalls modifiziert werden:

Man kann die quadratischen Parzellen auch zu einem Rechteck zusammenfassen, die Schmalseite darf aber maximal 1,20 m messen. Grund dafür ist, dass man die mittig gelegenen Parzellen mühelos erreichen können sollte.
Die Einfassungen dürfen aus unterschiedlichen Materialien wie Holz, Flechtwerk, Stein oder Ähnlichem konstruiert werden, sind aber nicht zwingend. Unter bestimmten Klimaverhältnissen haben sie den Nachteil, dass der Boden zu stark erwärmt wird.
Die Hochbeete werden 60–80 cm hoch angelegt, sind aber nicht so breit, damit man sie gut vom Rollstuhl aus oder im Stehen ohne Rückenschmerzen erreichen kann.

Anlage der Beete

Es genügt, wenn man erst einmal einen guten Standort wählt, der täglich mindestens 6 Stunden in der Sonne liegt, auch an den heißesten Stunden des Tages, und außerdem vor Wind und winterlichem Frost geschützt ist.

Die künftige Platzierung der Beete erfolgt auf umgegrabenem Boden, aus dem Unkraut und Steine entfernt wurden. Gab es vorher eine Rasenfläche, dann erhält man sie um die Kulturbeete herum. Andernfalls kann die gesamte Fläche wie auf dem nebenstehenden Foto umgegraben und der Boden an der Stelle der Kulturbeete zusammengerecht werden.

Die Rahmen werden mit Winkeleisen oder langen Schrauben montiert und dann direkt auf den Boden gelegt. Sie dürfen nicht eingegraben werden, damit das Holz nicht mit den Jahren verrottet, und auch nicht vom Boden abstehen, weil beim Wässern eines Quadrates die Feuchtigkeit nicht in das benachbarte Feld mit beispielsweise kaum Wasser zehrenden Gemüsen wie Schalotten ablaufen sollte (siehe Abbildung auf Seite 93).

Fehlende Erde wird ergänzt (dafür Gartenerde mit etwa 20 % reifem Kompost mischen), dann wird auf der Höhe der Rahmung eingeebnet. Im Fall von Pflanzerde müssen Sie keinen Kompost zugeben, da diese bereits Dünger enthält.

Die breiten Wege zwischen den Beeten werden später von den überhängenden Blättern der Gemüse in Beschlag genommen. Sind es Graswege, trägt der Rasenschnitt zum Mulchen der Beete bei.

Die neun Parzellen eines Quadratbeetes werden mit Bambusstäben oder Schnur markiert. Die Schnüre werden mit Nägeln am Holz befestigt (siehe Abbildung rechts).

Die wichtigsten Punkte bei diesem Schritt des Aufbaus

Ist die Erde erst einmal in der Beeteinfassung verteilt, darf sie nicht mehr betreten oder umgegraben werden. Die gesamte spätere Pflege dient dazu, ihre Qualität durch Düngergaben und die gärtnerischen Handgriffe wie Lockern, Hacken und Mulchen zu erhalten.

Bei der Anlage der Beete ist es daher nötig, den Boden durch Umgraben und Jäten so aufzubereiten, dass diese Grundlage so gut wie möglich ausfällt. Planen dürfen unter dem Substrat nicht verlegt werden, damit der Boden durchlässig für das Gieß- und Regenwasser bleibt und von Insekten und Mikroorganismen besiedelt werden kann. Dies bestimmt seine physikalischen Qualitäten und die Fruchtbarkeit.

Das permanent genutzte Holz bleibt unbehandelt. Fichte oder Douglasie eignen sich als Rohmaterial besonders gut. Die auf dem Grund aufliegenden Kanten stehen niemals in der Staunässe und halten daher sehr lange.

Bei der Wahl der Holzstärke für die Einfassungen haben Sie freie Hand. Die in diesem Buch gezeigten Bretter weisen eine Stärke von 5 cm und eine Höhe von 15 cm auf.

Die quadratischen Hochbeete sind mit Garten- oder Pflanzerde gefüllt. Wenn eine Bodenplatte eingezogen wurde, muss trotzdem eine mindestens 40 cm starke Substratschicht angelegt werden. Die Bodenplatte wird durchlöchert, damit das Wasser ablaufen kann.

Gartengeräte

Der Spaten 1, der zur ersten Anlage der Beete nötig war, hat ausgedient! Die Grabgabel 2 ist das einzige große Werkzeug, das in einem Quadratgarten Verwendung findet, um die Erde mindestens zweimal im Jahr (Herbst und Frühling) und, falls erforderlich, vor jeder Neubepflanzung einer Parzelle zu lockern. Außerdem benötigt man ein Sortiment kleiner Gartengeräte, um die Parzellen zu bearbeiten und zwischen die dicht stehenden Kulturen zu gelangen. Doch alles passt in einen Korb, den man bequem von einem Quadratbeet zum nächsten tragen kann.

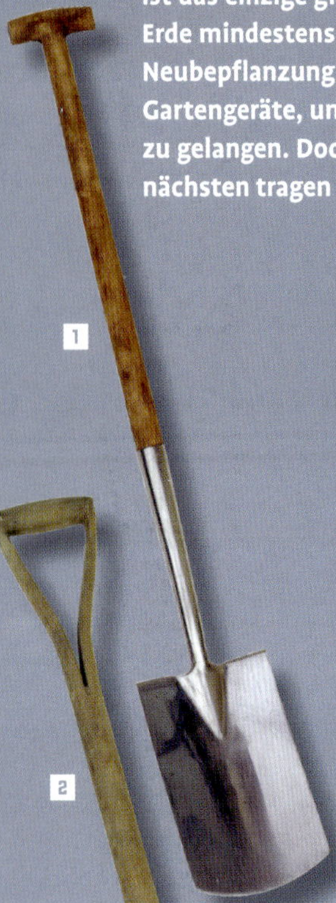
1

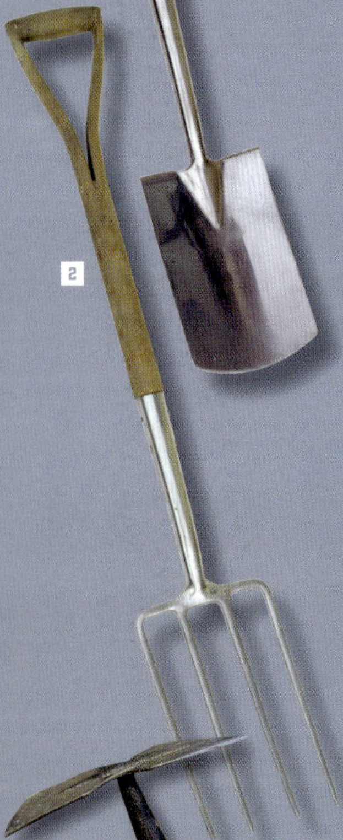
2

Das Handwerkszeug für den Gemüsegarten im Quadrat

Die Doppelhacke 3 eignet sich mit der einen Seite (spitz zulaufend oder mit Zinken) zum Hacken und Belüften des Bodens zwischen den Kulturen und mit der abgeflachten Seite zum Entwurzeln und Ausreißen von unerwünschten Pflanzen.
Die Pflanzschaufel 4 dient zum Ausheben von Pflanzlöchern und bei diesem Anlass auch der Vermischung von Erde und Kompost.
Das Pflanzholz 5 wird in den Boden gerammt, um so ein Pflanzloch für Gemüse wie den Porree zu schaffen.
Saatschildchen 6 dienen nach der Aussaat als Markierung, damit man zwischen den Furchen jäten kann, bevor die Samen aufkeimen. Auf den etwas größeren Schildchen vermerkt man Sortenname und Aussaatdatum.
Der Handrechen 7 dient zum Ebnen des Substrats in einem Quadrat, damit das Gießwasser nicht davonfließt. Man verwendet ihn auch, um die Samen in den Parzellen anzudrücken.
Der fächerförmige Rechen 8 wird zum Säubern verwendet.
Der manuelle Saatgutstreuer 9 hat kleine Öffnungen unterschiedlicher Größe für die verschiedenen Samenkörnchen, die damit einzeln gestreut werden können.
Die Gartenschere 10 wird zum Ernten von Früchten wie Tomaten, Paprika und dergleichen sowie zum Rückschnitt von Pflanzen, z. B. bei Gurken, verwendet.
Die Gras- oder Rasenkantenschere 11 dient zur Ernte von Mulch, z. B. Klee, außerdem zur Pflege der Blütenmassen, wie z. B. bei der Kapuzinerkresse, oder zum Rasenschnitt entlang der Holzeinfassungen.
Schere und Messer 12 eignen sich zur Ernte unterschiedlicher Gemüse. Für Schnittsalat z. B. das Messer, für Rucola die Schere.
Raffiabast 13 zum Anbinden der Gemüse an Pflanzstützen wird mit der Schere von der Rolle geschnitten.
Gartenhandschuhe 14 dienen dazu, sich zu schützen und sich die Hände nicht schmutzig zu machen. Sind sie weich genug, kann man auch präzise Handgriffe erledigen.
Ein flexibler Korb für das gejätete

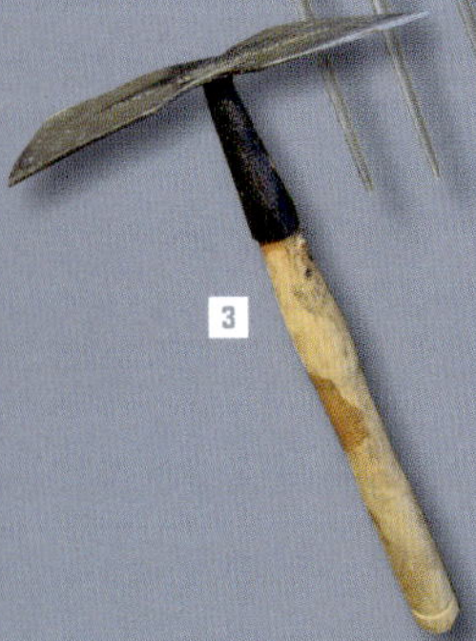
3

4

5

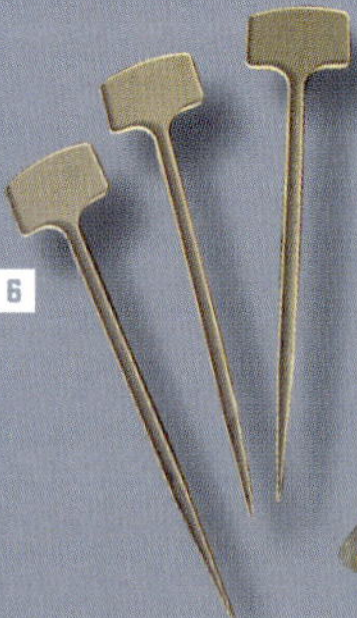
6

7

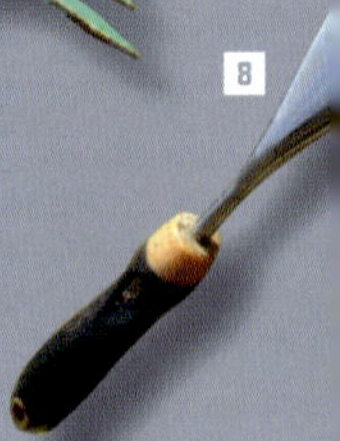
8

14

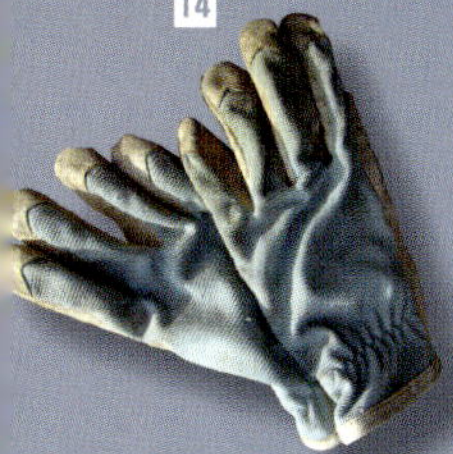

15

16

17

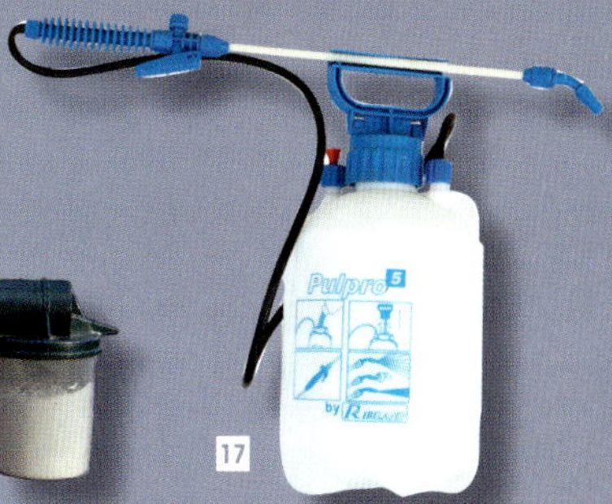

Unkraut kann mit einer Hand getragen werden, das Handwerkszeug in der anderen.

Zwei dichte Eimer 15 werden beim Pflanzen verwendet: einer mit Wasser gefüllt zum Anfeuchten der Pflanzlöcher, der zweite zum Tragen des Komposts.

Haushaltshandschuhe sind zum Pflücken von Brennnesseln und zum Filtern von fermentierten Extrakten unerlässlich.

Drei Sprühgeräte 16 brauchen Sie zur natürlichen Pflanzenbehandlung: einen, der mit Druck fein vernebelt, zur Behandlung von Pilzerkrankungen; einen kleineren Sprüher, der auch noch in den Korb mit dem Handwerkszeug passt, einzig zum Mischen und Versprühen von Insektiziden; einen zum Besprühen der Blätter mit *Lithothamnium*.

Ein großes Spritzgerät 17 mit 6 l Volumen, das man auf dem Rücken trägt, ist für größere Gemüsegärten geeignet.

Zur Bewässerung

Der Wasserhahn sollte vom Gemüsegarten aus leicht zu erreichen sein, sodass man den Schlauch ohne Schäden an den Kulturen entlang der Gartenwege bewegen kann.

Für eingesäte Flächen eignen sich zwei Gießkannen 18. Man kann Wasserdruck und Wassermenge mit der Brause oder der Tülle gut dosieren. Eine große Gießkanne mit 11 l Fassungsvermögen nutzt man auch für fermentierte Gießextrakte, die im Verhältnis 1 : 10 verdünnt werden. Die zweite, 3 oder 5 l fassende Kanne mit Brause eignet sich zum Gießen von Sämlingen, damit sie nicht umgedrückt werden.

Stellen Sie wenn möglich einen Regenwasser-Sammelbehälter auf. Das ist ökonomisch und Sie können die natürlichen Pflanzenbehandlungsmittel damit herstellen.

Schließlich wäre auch ein Niederschlagsmesser kein überflüssiger Schnickschnack: 1 mm entspricht 1 l Niederschlag pro Quadratmeter.

18

9

10

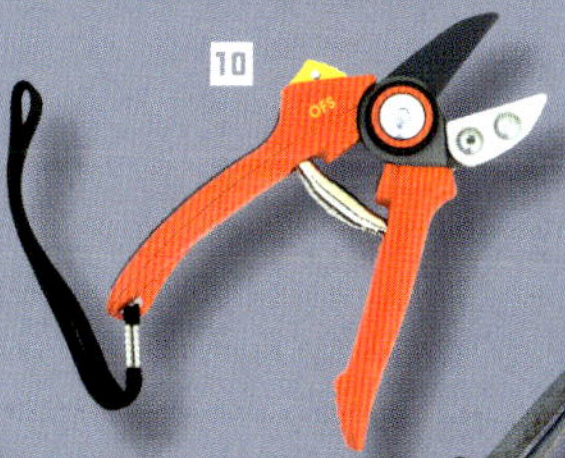

11

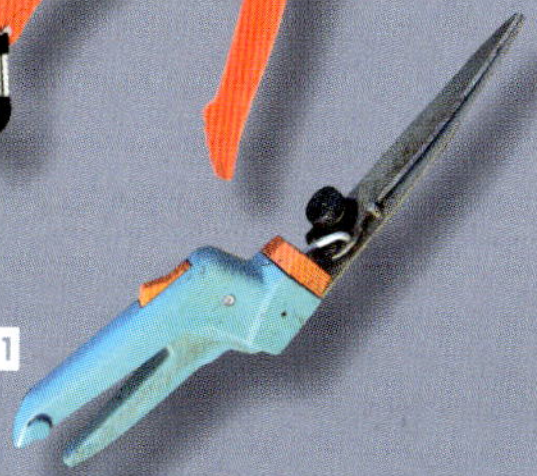

12

13

Gärtnertipp

Reinigung der Gartengeräte

Die Reinigung erfolgt einmal im Jahr, im Herbst, bevor die Gartengeräte eingelagert werden. Das gesamte Handwerkszeug wird mit Wasser von Erdresten befreit und dann mit einem in Waschbenzin oder Alkohol getränkten Handtuch abgerieben. Dadurch beugt man der Verbreitung von Krankheitserregern vor. Die Klingen von Werkzeug, das mit erkrankten Pflanzen in Berührung gekommen ist, sollte man einige Sekunden in die Flamme eines Feuerzeuges halten oder in hochprozentigen Alkohol einlegen.

Planung der Gemüsequadrate

Ziele und Grundlagen

Zweck eines Gemüsegartens im Quadrat ist die Ernte von möglichst viel Gemüse auf kleinster Anbaufläche. Die Planung dient der optimalen Ausnutzung der Fläche sowie der Berechnung der verfügbaren oder erforderlichen Parzellen.

Während eines Jahres können auf einer Parzelle vier Kulturen, teils auch mehr, nacheinander angebaut werden, z. B. Schnittsalat, Radieschen, Tomaten und Porree. Der Boden ist zwar spendabel, aber nicht unerschöpflich. Durch Planung lässt sich die Fruchtbarkeit des Bodens erhalten, indem man auf den Fruchtwechsel achtet. Auf diese Weise bietet der Gemüsegarten im Quadrat über einen langen Zeitraum hinweg reichen Ertrag.

Betrachtet man das gesamte Beet, so muss man darauf achten, dass die Gemüse „sich vertragen", ohne einander zu beschatten oder sich durch Blattwerk im Wuchs zu behindern. Hält man sich bei der Planung an die Hinweise in den Kulturanleitungen, kommen die richtigen Arten unter Berücksichtigung ihrer individuellen Bedürfnisse zusammen.

Schließlich trachtet man bei ökologischem Anbau auch danach, möglichst geringe Mengen an Pflanzenbehandlungsmitteln, einschließlich der natürlichen, einzusetzen. Innerhalb der Einfassungen sind die Gemüse parzellenweise gemischt ausgebracht, sodass sie möglichst wenige unerwünschte Insekten anziehen und die Ausbreitung von Krankheiten vermieden wird. Das ist nur eine Frage der Pflanzengemeinschaften.

Erster Grundsatz: Fruchtwechsel auf jeder Parzelle

Für eine Parzelle wird eine Abfolge von Gemüsearten unterschiedlicher Pflanzenfamilien und Kategorien eingeplant. Das Rotationsprinzip kann folgendermaßen zusammengefasst werden: Was sich gleicht, darf nicht nacheinander angebaut werden. Dank dieses Prinzips werden dem Boden nicht ständig dieselben Nährstoffe entzogen und der Kreislauf bei Pflanzenerkrankungen wird unterbrochen.

Kategorien des Gemüses

Blattgemüse

Wurzelgemüse

Fruchtgemüse

Blütengemüse

Bildlich dargestellt bedeutet das:

Der Schnittsalat gehört zur Kategorie Blattgemüse und zur Familie der Korbblütler (Asteraceae), das Radieschen aus der Kategorie Wurzel kommt aus der Familie der Kreuzblütler (Brassicaceae), die Tomate aus der Kategorie Fruchtgemüse ist ein Nachtschattengewächs (Solanaceae) und der Lauch aus der Kategorie Blattgemüse stammt aus der Familie der Lauchgewächse (Alliaceae).

Jeder Familie ist auf den Kärtchen eine Farbe zugeordnet und die Piktogramme zeigen die Kategorien des Gemüses. Sie entsprechen bildlich dem Teil der Pflanze, der geerntet und verzehrt wird (beim Schnittsalat die Blätter, beim Radieschen die Wurzel usw.).

Unter der Rubrik „Fruchtwechsel" ist in den Karteikarten (ab Seite 50) für jede Pflanze die Dauer angegeben, nach der in der Parzelle die gleiche Art wieder angebaut werden darf.

Abwechslungsreiche und regelmäßige Ernte, also ein unabhängiges Leben durch den Ertrag aus den Quadratbeeten, sind der Erfolg einer guten Anbauplanung.

Zweiter Grundsatz: Pflanzengemeinschaften im Beet

Betrachtet man das Beet als Gesamtheit und in der nächste Ebene die quadratischen Parzellen, so muss die Mischung von Pflanzenfamilien beachtet werden. Die Grundidee dahinter lautet: Was sich gleicht, muss getrennt stehen. Die Gemüse derselben Pflanzenfamilie haben identische Nährstoffbedürfnisse, bekommen dieselben Krankheiten und ziehen dieselben Schädlinge an. Ein Gemüsegarten, in dem die Pflanzenfamilien, das Blattwerk und die Aromen gut gemischt kultiviert werden, ist also keine Speisekammer mit Signalwirkung.

Hier ein Beispiel für eine gelungene Beetgemeinschaft: Der Bestand jeder quadratischen Parzelle ist durch eine eigene Farbe markiert, zählt also zu einer anderen Pflanzenfamilie. Dieser Pflanzplan zeigt zudem die Mischung von Gemüsen, Blumen und Kräutern, was ebenfalls typisch für einen Gemüsegarten im Quadrat ist.

Ein solches Planungsergebnis dürfte jeder auf einer individuellen Anzahl von Parzellen und mit den bevorzugten Gemüsen erzielen. Lesen Sie dazu, was das folgende Praxisbeispiel empfiehlt.

Linke Seite:
So sollte der Anblick des Gemüsegartens im Quadrat für die Insekten sein: Blätter, Formen, Grün in allen Schattierungen durcheinander. Auf Insekten, die gewöhnlich auf Massen von gleichen Blättern oder Gerüchen reagieren, wirkt dies weniger anziehend. Doch hat das auch seine Grenzen. Ein Kartoffelkäfer, der auf den Kartoffelpflanzen am Rand des Gartens nichts mehr zum Knabbern hat, findet immer auch die leckere, wenn auch gut versteckte Auberginenpflanze in den Parzellen. Er braucht dafür nur etwas länger.

Welche Pflanzen sind Freund oder Feind in den Beeten?

Diese Frage stellt sich vor allem bei den Gemüsegärten mit Reihenkultur, in denen die Gemüse zwischen anderen Gemüsen stehen. Bei einem Gemüsegarten im Quadrat werden die Saat- und Pflanzpläne und Größen so optimiert, dass die nötigen Abstände zwischen den Einzelpflanzen und Arten eingehalten werden können. Jedes Gemüse benötigt in seiner Parzelle bestimmte Nährstoffe, zapft aber niemals die des Nachbarn an. Die Parzellen sind Monokulturen, aber das gesamte Beet wird nach dem Prinzip der Pflanzengemeinschaft (Durchmischung der Pflanzenfamilien) bepflanzt. Nützliche Nachbarn kann man zusammen gruppieren, um dem Insektenbefall vorzubeugen. Karotten und Lauch oder Karotten und Zwiebeln schützen einander gegenseitig, die Studentenblume hält schädliche Würmer (Nematoden) von den Tomaten fern und diese wiederum hilft beim Schutz des Kohls gegen den Kohlweißling.

Beispiel einer Pflanzplanung

Den Anfang macht die Berechnung der nötigen Parzellenanzahl, um dann den genauen Plan des Gemüsegartens im Quadrat, den Standort der Kulturbeete und das erforderliche Material zu bestimmten.

Die Umsetzung eines Gemüsegartens im Quadrat mit zwei Kulturbeeten ist ideal, um diese Anbaumethode zu erproben. Man kultiviert damit insgesamt 18 Parzellen (2 mal 9) mit unterschiedlichen Arten, die die Speisekammer füllen. Für den Anfang reicht das völlig. Doch manche möchten mehr als zwei Kulturbeete anlegen. Wie berechnet man die Anzahl der Parzellen, die man tatsächlich braucht – nicht dass die Augen größer sind als der Hunger oder im Gegenteil, der Garten zu klein ausfällt? Folgen Sie einfach der schrittweisen Anleitung.

Erster Schritt: Bedarf ermitteln

Egal ob Reihe oder Quadrat, jeder Gärtner stellt sich zunächst dieselbe Frage: Was möchte ich dieses Jahr ernten? Die unten stehende Liste orientiert sich an den begehrtesten Gemüsearten und berücksichtigt die Mengen, die man für den direkten Verzehr ernten möchte.

Die Anzahl der Parzellen in der rechten Spalte ist durch das Pflanzschema auf den Praxiskarten definiert, bei Salat (Seite 142) stehen fünf Pflanzen pro Parzelle, bei Schnittlauch und Petersilie (Seiten 154 und 127) sieht man, dass die Kräuter beisammen stehen dürfen und eine halbe Parzelle genügt. Auf den Karten ist auch vermerkt, mit welcher Erntemenge pro Pflanze zu rechnen ist.

Die Gesamtzahl der Parzellen in der rechten Spalte wird durch neun geteilt. So erhält man die Anzahl der Beete in der Größe von 1,20 × 1,20 m, die man für den eigenen Bedarf benötigt. Bei diesem Beispiel sind es zwei Kulturbeete.

Gemüseart	Ernte (Menge)	Erforderliche Parzellenzahl
Kopfsalat	wöchentlich 1	1 pro Monat
Petersilie	regelm. Ernte	½
Schnittlauch	regelm. Ernte	½
Radieschen	monatlich 1 Schale	1 pro Monat
Tomate	Früchte von 1 Pflanze	1
Aubergine	Früchte von 1 Pflanze	1
Gurke	Früchte von 1 Pflanze	1
Rote Bete	ein Dutzend	1
Lauch	gut 20 Stück	2
Blüten	eine kleine Menge zum Würzen und Dekorieren	1
Rucola	monatlich 1 Schale	1
Mangold	1 Pflanze	1
Stangenbohne	1 Ernte	1
Karotten	1 Schale	1
Zucchini	Früchte von 1 Pflanze	4
Gesamtzahl der Parzellen		**18**
geteilt durch 9		
Anzahl der erforderlichen Kulturbeete		**2**

Für den Anbau in Parzellen ungeeignetes Gemüse

Kartoffeln werden nicht in Quadratparzellen, sondern in einem konventionellen Beet um den Gemüsegarten herum angebaut. Der Boden kann dort bei der Ernte mit der Grabgabel ohne Behinderungen umgestochen werden und die Nachbarkulturen bleiben ungestört. Andere Gemüse eignen sich für den Anbau in quadratischen Parzellen nicht, weil sie zu voluminös werden oder für einen ordentlichen Ertrag zu viele Parzellen beanspruchen: Spargel, Cardy, Himbeeren, Lorbeer, Linsen, Senf, Meerrettich, Rhabarber, Schwarzwurzel, Topinambur oder Neuseeländer Spinat.

In Maries Gemüsegarten

Maries Gemüsegarten besitzt am Rand vier traditionelle Reihenbeete, auf denen im jährlichen Turnus Fruchtwechsel praktiziert wird.

Gemüse, Kräuter und ihre botanischen Familien

Bei dieser Methode der Pflanzplanung wird jeder botanischen Familie eine Farbe zugeordnet.

Lauchgewächse	Doldenblütler	Korbblütler	Kreuzblütler
Knoblauch	Karotten	Estragon	Blumenkohl
Lauch	Knollensellerie	Grüner Salat	Brokkoli
Schalotte	Petersilie	Löwenzahn	Kohlrabi
Schnittlauch	Stangensellerie	Zichorien (Frisée-Endivie, Glatte Endivie, Zuckerhut)	Kopfkohl (Weißkohl, Rotkraut, Wirsing)
Zwiebel			

Kategorien des Gemüses

- Blattgemüse
- Wurzelgemüse
- Fruchtgemüse
- Blütengemüse

Die Botanik erschließt und versteht die Pflanzenwelt durch Klassifizierungen. Sie unterscheidet Pflanzen nach ihrer geografischen Herkunft, ihrer Form, nach der Art der Fortpflanzung, Pathologie und anderen Kriterien. In der Pflanzensystematik wird jede Pflanze im Pflanzenreich einer Familie mit ähnlichen Merkmalen zugeordnet und zwei Ebenen darunter einer bestimmten Gattung. Der Salat gehört zur Familie der Korbblütler und darin wiederum zur Gattung *Lactuca* (Lattich, Salat). Zu einer Gattung können mehrere Arten zählen, z. B. *Lactuca sativa* für den Garten-Lattich oder Grünen Salat. Eine Art wiederum kann sich in Varietäten gliedern: *Lactuca sativa* var. *capitata*, der Kopfsalat, und *Lactuca sativa* var. *longifolia*, der Römische Salat. Abschließend kann die Varietät noch in gezüchteten Formen vorliegen, z. B. Batavia-Salat (eine Form des Kopfsalates).

Radieschen

Rettich

Rucola

Speiserübe

Gänsefußgewächse

Mangold

Rote Bete

Spinat

Kürbisgewächse

Gurke

Melone

Zucchini

Hülsenfrüchtler

Bohnen

Erbsen

Lippenblütler

Basilikum

Thymian

Süßgräser

Zuckermais

Knöterichgewächse

Sauerampfer

Nachtschatten-gewächse

Aubergine

Paprika

Tomate

Baldriangewächse

Feldsalat

Planungskarten nutzen

Die bunten, quadratischen Kärtchen können für Schritt drei der Planung ausgeschnitten oder am Computer vervielfältigt werden. Man kann sie dann auf den Beeten (auf dem Papier) nach dem Grundsatz der Pflanzengemeinschaft verteilen. Da auch die Kategorie vermerkt ist, eignen sie sich ebenso für Schritt fünf, die Planung der Rotation.

Zweiter Schritt: Verteilung der Parzellen

Zur Planung sollte man einige grafische Extras auf Papier oder am Computer vorbereiten:

- Für jede Gemüseart ein Quadrat mit dem Namen darauf und in der Farbe der jeweiligen Pflanzenfamilie (siehe Seite 30).
- Für die Kulturbeete ein Raster mit neun quadratischen Parzellen.

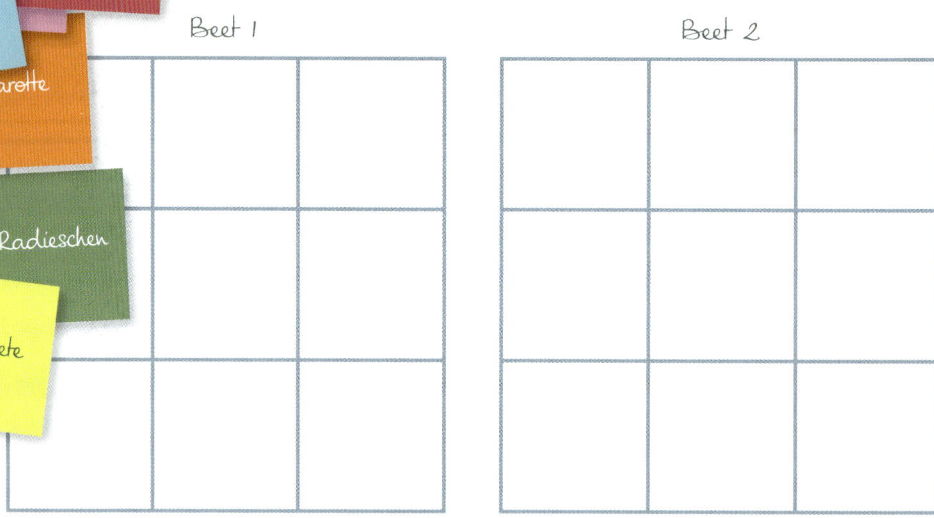

Dieses Beispiel illustriert, wie gut sich der Anbau im Quadrat für kleine Flächen eignet. Man kann 15 Arten von Gemüse und Kräutern auf knapp 3 m² kultivieren, die Wege sind nicht eingerechnet.

Die Gemüsekärtchen verschiebt man, bis man die beste Lösung gefunden hat. Dabei gilt:

- Die Farben dienen dazu, die Pflanzenfamilien gemäß den Grundlagen der Pflanzgemeinschaften zu mischen (Seite 27)
- Die Praxiskarten (ab Seite 50) zieht man wegen der spezifischen Bedürfnisse der Gemüse und der Empfehlungen zurate (Lichtexposition, Standort, Höhe, Miteinander).

Geplant pflanzen

Der **Pflanzplan**, den man anhand der bevorzugten Gemüse erstellt hat, dient für das gesamte Anbaujahr als Grundlage. An dieser Referenz wird die monatliche Belegung der Parzellen festgelegt und der Fruchtwechsel geplant. Daher sollte man diesen Plan aufbewahren: Entweder notiert man ihn mit Farbstift auf Papier, man klebt die Farbquadrate auf oder man speichert ihn im Computer ab.

Der erste Entwurf könnte folgendermaßen aussehen:

Und dies sind die Pluspunkte des Entwurfs:

- Die Pflanzenfamilien sind gut durchmischt.
- Gemüse derselben Familien stehen räumlich getrennt: Abstand haben die Parzellen mit Lauch und Schnittlauch, die Parzellen mit Tomate und Aubergine, auch Gurke und Zucchini sowie Radieschen und Rucola.
- Die Zucchini-Pflanze hat die vier Parzellen, die sie braucht und sitzt zudem an der Ecke, so wie es die Praxiskarte empfiehlt.
- Die Stangenbohnen stehen in der zentralen Parzelle, wie in den Empfehlungen angemerkt.

Einige Fragen bleiben jedoch noch offen:

- Haben Aubergine und Tomate einen geeigneten Standort?
- Wo kommt die Gurke hin, die ein Rankgitter braucht?
- Karotte und Schnittlauch gehören zur selben Familie, sollte man diese Parzellen anders planen?

In Maries Gemüsegarten

Seit einigen Jahren fertige ich meine Pflanzpläne mithilfe der Farbkarten an. Es vereinfacht die Aufgabe ungemein, zumal ich 80 Parzellen bestelle. Vorher war die Planung immer ein Geduldsspiel, das mir das Gärtnern im Quadrat beinahe verdorben hätte.

Sonnenanbeter

Sie müssen in erster Reihe stehen und außerdem in den Parzellen, die während der heißesten Stunden des Tages die meiste Sonne bekommen. Kein anderes Gemüse darf sie zu dieser Tageszeit beschatten. Aubergine, Gurke, Melone, Gewürzpaprika und Tomate haben Priorität und die restlichen Kulturen müssen gegebenenfalls andernorts platziert werden.

Folgende Kriterien sind zu beachten:

- Die Lage des Gemüsegartens und das Licht- sowie Wärmebedürfnis mancher Gemüsearten. Die Sonnenanbeter sind auf der linken Seite aufgezählt.
- Die Wuchshöhe der Pflanzen. Einige könnten ihre Nachbarn beschatten, was diese nicht vertragen.

Die beste Belegung der Parzellen wäre damit folgende:

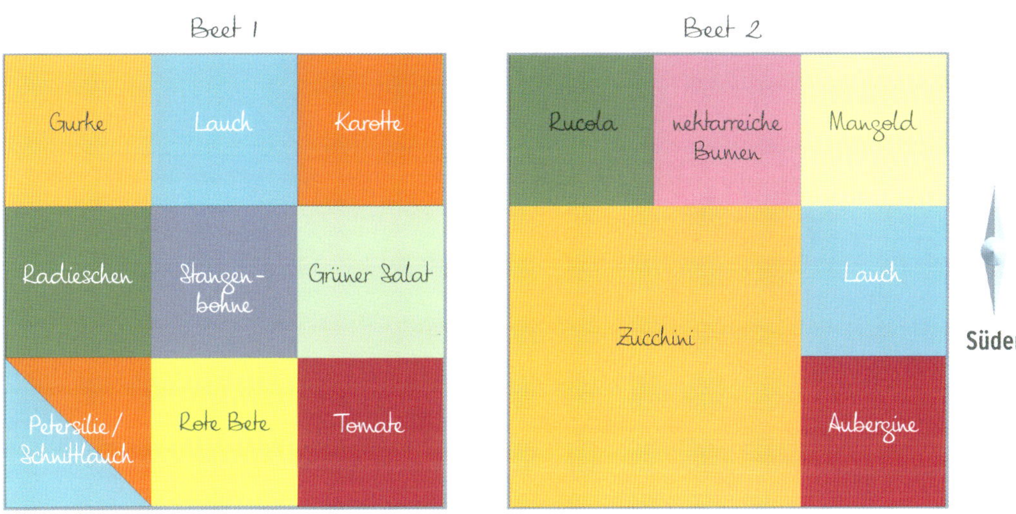

Aubergine und Tomaten stehen am südlichen Rand, daher bekommen sie den ganzen Tag über volle Sonne und kein anderes Gemüse beschattet sie.

Der Lauch hinter der Aubergine verträgt ihren Schattenwurf, ebenso der Grüne Salat hinter der Tomate.

Die Gurke macht in zweierlei Hinsicht Probleme – sie ist eine Sonnenanbeterin und braucht zudem ein Rankgitter. Damit wirft sie starken Schatten. Man kann sie nur an der Nordecke unterbringen. In diesem Fall bekommt sie morgens direkte Sonne, weil Karotten und Lauch dabei nicht stören. Sobald die Stangenbohnen hoch gewachsen sind, steht sie kurzzeitig am Vormittag im Schatten, hat aber bereits in der Mittagszeit wieder volle Sonne.

Schließlich werden den Küchenkräutern neue Plätze zugewiesen. Die Karotte bekommt den anfänglich der Tomate zugedachten Platz und steht damit weit genug entfernt von der Petersilie (aus derselben Familie). Außerdem flankiert sie den Lauch, den sie durch ihren intensiven Geruch vor unerwünschtem Insektenbefall schützt. Die Rote Bete erhält die Parzelle der Karotte.

Merkzettel
Folgende Piktogramme symbolisieren das Lichtbedürfnis der Gemüse:

- vollsonnig und warm
- sonnig
- schattentolerant

Lebensdauer einer Pflanze

Jede Pflanze hat einen Lebenszyklus, der aus folgenden Etappen besteht: Keimung, Wurzelbildung, Entwicklung von Trieben und Blattwerk, Blütenbildung und schließlich Samenbildung. Die Samen befinden sich bei den Bedecktsamern in einer Frucht.

Einjährige

Sie haben einen Lebenszyklus, der nur wenige Monate innerhalb eines Jahres dauert. Einjährige sind bei den Blumen der Klatschmohn 1, Cosmea 2, Borretsch 3, beim Gemüse der Grüne Salat oder die Melone, unter den Kräutern der Basilikum.

Zweijährige

Sie durchlaufen ihren Lebenszyklus innerhalb von 2 Jahren, wobei sie überwintern. Im ersten Jahr keimen diese Pflanzen und bekommen ihr Blattwerk. Ab Herbst können sie blühen, wie z. B. das Stiefmütterchen 4. Andere blühen erst im Folgejahr, wie z. B. das Gänseblümchen 5 oder das Vergissmeinnicht 6. Manchmal verschwindet ihr Blattwerk im Winter und treibt im Frühling wieder aus. Wenn eine Pflanze nicht ausreichend winterhart, also nicht an das widrige Klima ihres Standortes angepasst ist, wird sie den Winter ohne Schutz nicht überdauern. Bei den Kräutern gilt dies für die Petersilie. Spinat und Feldsalat sind zweijährige Gemüse. Andere sind es auch, werden aber wie Einjährige angebaut: Man verzehrt ihre Blätter – ihre Früchte im Folgejahr sind uninteressant, wie z. B. beim Staudensellerie.

Mehrjährige

Diese Pflanzen gedeihen über die 2 Jahre hinaus. Unter den Blumen gehören dazu der mehrjährige Storchschnabel 7, Sonnenhut 8 oder Hortensien 9, bei den Kräutern der Schnittlauch und der Thymian, Sauerampfer bei den Gartengemüsepflanzen. Ihr Blattwerk kann immergrün oder auch nur sommergrün sein (zieht im Winter ein).

Dritter Schritt: Zeitplan für Aussaat und Pflanzung

Der Plan, der auf Grundlage der bevorzugten Gemüse entstanden ist, entspricht weitestgehend dem Bestand auf den Beeten im Monat Mai. Dies kann man anhand der Einträge für Beet 1 nachvollziehen. Beachten Sie dazu auch die Angaben der Praxisanleitungen in der Tabelle „Zeit zur ...“ Meistens trifft es zu, dass die Kulturen in diesem Zeitraum an Ort und Stelle ihren Platz finden.

Beet 1

Gurke Pflanzung Mitte Mai	Lauch Pflanzung im Mai	Karotte Aussaat im März
Radieschen Aussaat im April	Stangen-bohne Aussaat im Mai	Grüner Salat Pflanzung Mitte April
Petersilie/ Schnittlauch Petersiliensaat im März	Rote Bete Aussaat Mitte Mai	Tomate Pflanzung Mitte Mai

Praxiswissen

Der Ausgangsplan sollte als „Plan für den Monat Mai“ betrachtet werden. Man erstellt dazu leere Raster für März und April.

Ausgehend von diesem Entwurf kann man zu den Kulturen auch die Arbeiten der vorausgehenden Monate notieren (siehe Seite 38 und 39).

Die Eisheiligen bestimmen den Gartenkalender

Nicht selten treten in der Zeit zwischen dem 11. und dem 15. Mai sehr kalte Nächte oder Frost auf. Traditionelle Kalender begehen dann die Namenstage der fünf Eisheiligen Mamertus, Pankratius, Servatius, Bonifatius und Sophia. Traditionell warten Gärtner dieses Datum ab und sie verfolgen besorgt die Wettermeldungen, bevor sie sich entscheiden, die Beetabdeckungen zu entfernen oder die vorgetriebenen Gemüsesetzlinge wie Tomate oder Aubergine ins Freiland auszupflanzen.

Planung für März

Nach dem 15. des Monats werden drei Gemüsearten aus der Liste gesät:

- Karotten und Petersilie in Beet 1
- Rucola in Beet 2

Zu dieser Jahreszeit wird das Saatgut noch vor Kälte geschützt.

Einige Parzellen ruhen noch, darunter jene,

- die im April bebaut werden;
- deren Gemüse im Mai eine besonders humose und fruchtbare Erde benötigen. Sie sind im Raster mit einem + gekennzeichnet.

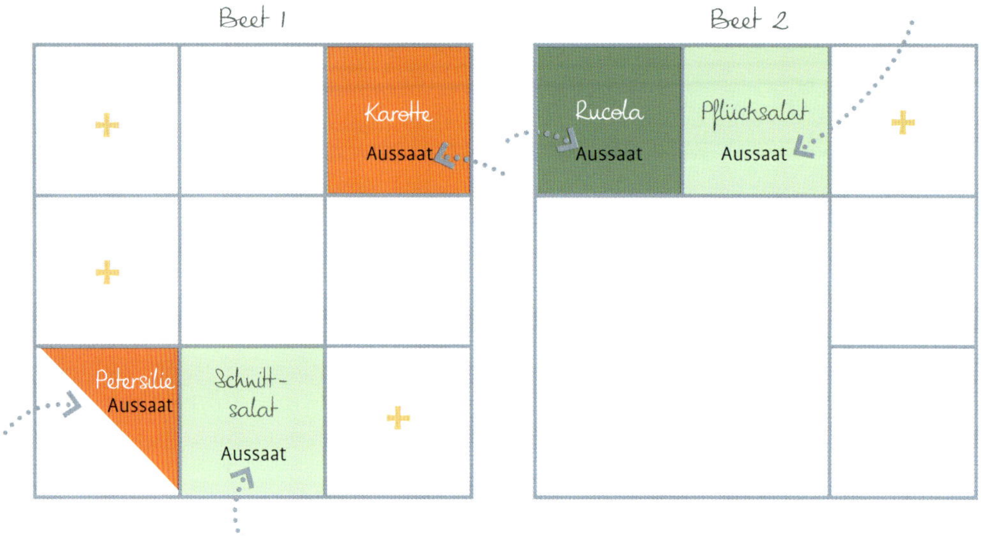

Außerdem kann man schnellwachsende Arten anbauen, die bereits im Mai geerntet werden, beispielsweise den Schnittsalat in Beet 1 oder den Pflücksalat in Beet 2. In Übereinstimmung mit den Grundsätzen des Fruchtwechsels gehören sie zu anderen Pflanzenfamilien als die auf den Parzellen geplanten Folgekulturen. Schnittsalat, ein Blattgemüse, wird vor der Roten Bete aus der Kategorie Wurzel kultiviert, der Pflücksalat vor den nektarreichen Blumen.

Im März geht es los

Der Winter verneigt sich vor dem heraufziehenden Frühling. Der aufgetaute Boden erwärmt sich langsam und kann für den Anbau vorbereitet werden. Die Beschreibungen der Arbeiten finden Sie auf den Seiten 45 und 159. Draußen säen und setzen Sie das erste, nicht so kälteempfindliche Gemüse unter Glas. Informationen dazu finden Sie in den Kulturanleitungen unter der Rubrik „Zeit zur …“.

Planung für April

In Beet 1 besetzt der Grüne Salat seine Parzelle und die Radieschen werden gesät. In Beet 2 wird der Mangold gepflanzt. Die anderen Parzellen bleiben weiterhin mit Stroh bedeckt, insbesondere die Parzellen, die mit einem + markiert sind, sowie die Parzellen für Zucchini und Aubergine, gemäß den Empfehlungen in den jeweiligen Kulturanleitungen.

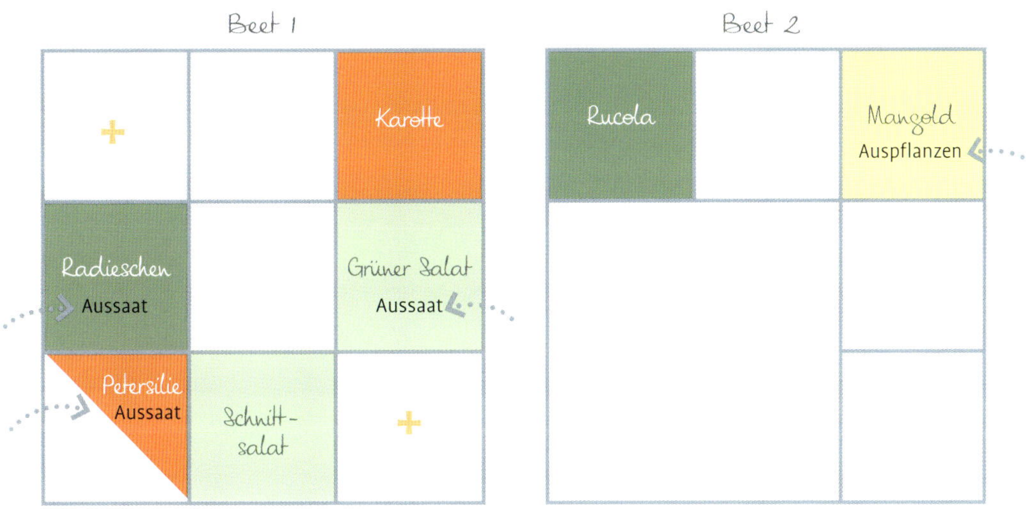

Pflanzung und Aussaat erfolgen sukzessive zwischen April und Juni.

Merkzettel
Manche Gemüse benötigen besonders humose Böden. Sie sind auf den Praxiskarten (ab Seite 50) mit einem Pluszeichen (bei den Infos zum Boden) versehen. +

Planung für Mai

Der gesamte vorgesehene Bestand ist bis Mitte Mai in den Boden gebracht. Zugleich beginnt die erste Ernte.

In Beet Nr. 1 werden die im April gesäten Radieschen geerntet und der Schnittsalat, an dessen Stelle dann die Rote Bete kommen.

In Beet Nr. 2 werden der im März ausgesäte Rucola und der Pflücksalat geerntet. In dessen Parzelle werden die nektarreichen Blumen gesät.

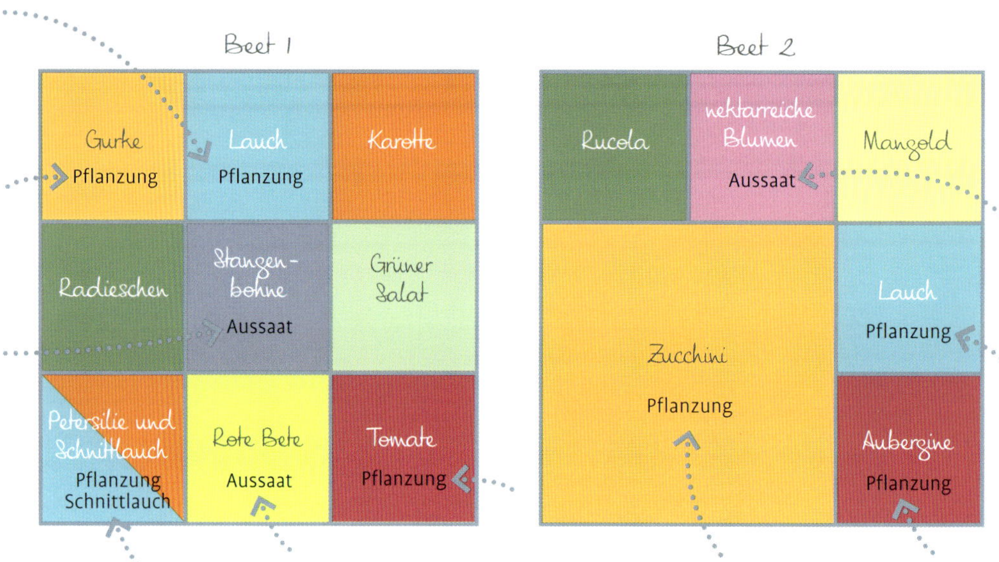

Jede Kultur entwickelt sich in ihrer Parzelle. Der nun immer üppiger grünende Gemüsegarten braucht zur Gesunderhaltung der Pflanzen und für einen reichen Ertrag etwas Pflege.

Merkzettel
Auf jeder Praxiskarte ist auch die Belegungsdauer der Parzelle vermerkt.

Vierter Schritt: So geht es weiter

Die Parzellen werden unterschiedlich schnell geräumt. Manche sind mehrere Monate mit einem Gemüse belegt, andere nur wenige Wochen. Zum jetzigen Zeitpunkt stehen viele Kulturen bis September/Oktober in ihren Parzellen. Drei der Quadrate sind mit Kulturen bestellt, die kurz Saison haben. Sie werden dann gemäß den Regeln des Fruchtwechsels und mit den auf die Nachbarparzellen abgestimmten Gemüsearten weiter verplant. Folgendermaßen könnten sie im Juni bestellt sein:

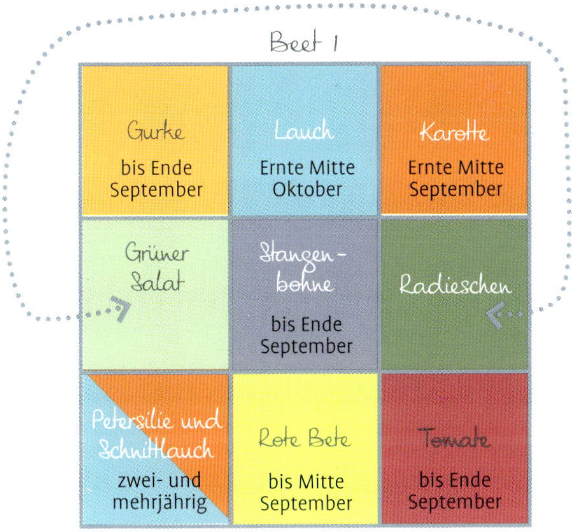

Radieschen und Grüner Salat tauschen miteinander die Plätze, so baut man unterschiedliche Familien wie auch Kategorien an.

Auf Rucola folgt Schnittsalat, eine andere Pflanzenfamilie, doch beide zählen zur Kategorie Blattgemüse.

Dieses Beispiel zeigt, dass es nicht immer möglich ist, die Regeln hinsichtlich Rotation und Vergesellschaftung einzuhalten. Zwar sollte man versuchen, sie bestmöglich umzusetzen, doch sich nicht sklavisch daran binden – sonst wird das Raster zur Qual. Wenn eine Parzelle erschöpft ist, macht sich das beim Boden von selbst bemerkbar, da die Sämereien nur schlecht aufgehen, die Pflanzen verlangsamt wachsen oder die Blätter Mangelerscheinungen zeigen bzw. die Pflanzen erkranken. Das passiert in jedem Gemüsegarten. Ein Gärtner muss wissen, wann er wachsam sein und die Parzelle ruhen lassen sollte. Der Pflanzplan passt sich mit jeder Ernte dem Wunsch des Gärtners und den Bedürfnissen von Mutter Natur an. Von Jahr zu Jahr wird das Raster aufbewahrt, damit man die Zeiträume des Fruchtwechsels bedenken kann. Sie sind in den Kulturanleitungen der Praxiskarten (ab Seite 50) aufgeführt. Eine Aubergine kann erst nach 4 Jahren wieder auf derselben Parzelle angebaut werden, der Salat erst nach 1 Jahr usw.

Praxiswissen

Man erstellt für jeden Monat bis zum Ende der Anbausaison weitere leere Raster.

Gemüse und **Kräuter** von A bis Z

Infos und Tipps
für jede Gemüseart

30 Gemüsearten und -sorten, Kräuter und dazu noch Blumen anbauen!

Nichts ist so erbaulich wie das Einholen der Gemüse-„Einkäufe" im eigenen Garten und die gesunde Verpflegung der eigenen Person sowie der Familie. Wie wäre es, wenn Sie zum Anfang erst einmal ein oder zwei Beete bestellen, oder wollen Sie sich sogar direkt in die Autonomie stürzen mit einem Gemüsegarten im Quadrat?

Wann pflanzt man?

Was steht im Quadrat und wo?

Welcher Standort ist der beste?

Wann wird geerntet?

Wie muss man sich um die Kulturen kümmern: gießen, schneiden, mulchen und düngen?

Die Kulturanleitungen dieses Buches beantworten alle Fragen Schritt für Schritt, durch:

- Farbfelder für die einzelnen Pflanzenfamilien (siehe Seite 31 und 32),
- den Merkzettel zu Planung, Standortwahl, Rotation und Abständen im Beet,
- eine Tabelle „Zeit zur ..." mit Angaben zum Aussaat-, Pflanz- oder Erntetermin,
- Empfehlungen, um einen günstigen Standort zu finden,
- Hinweise zur Wahl von Saatgut oder Jungpflanzen,
- Schritt-für-Schritt-Anleitungen mit Bildern zu Aufbereitung des Bodens, Aussaat und Pflanzung sowie mit Auflistung der nötigen Gartengeräte,
- Details zur Aufzucht und zu den artspezifischen Bedürfnissen,
- Empfehlungen zu Ernte und Lagerung.

Zeit zur ...

Winter			Frühling			Sommer			Herbst		
J	F	M	A	M	J	J	A	S	O	N	D

Aussaat Pflanzung Ernte

Alle Fotos wurden im Laufe eines Anbaujahres in Maries Gemüsegarten aufgenommen und die Handgriffe sind Schnappschüsse. Die in den Kulturanleitungen beschriebenen 30 Gemüsearten und -sorten lassen sich in acht Quadratbeeten von 1,20 × 1,20 m Größe anbauen und decken den Bedarf eines Zwei-Personen-Haushaltes.

Gärtnertipp

Den Boden bereiten

Der Boden wird ab Anfang März vorbereitet. Man belüftet und lockert die Erde mit Hilfe einer Grabgabel (siehe Seite 159). Kompost wird je nach Art und Beschaffenheit des Substrats untergegraben (siehe Seite 52). Ein langsam abbaubares Düngegemisch wird eingebracht, z. B. Hornspäne. Die Parzellen werden mit Stroh oder anderem Mulch bedeckt und müssen mindestens 14 Tage ruhen.

Kompost ist reich an fein aufgeschlossenen und damit für die Pflanzen leicht verfügbaren Nährstoffen. Er verbessert die Struktur des Bodens und die Fähigkeit Wasser zu speichern. Regenwürmern und Mikroorganismen dient er als Nahrung. Sind sie vorhanden, wird der Boden belüftet.

Kenntnis der Bodenbeschaffenheit

Man unterscheidet verschiedene Typen von Böden: mehr oder weniger sandig, lehmhaltig und lösshaltig. Je nach Bodentyp sind verschiedene Maßnahmen nötig. Eventuell bedarf der Boden der Verbesserung, damit man darauf Gemüse anbauen kann. Die meisten Gemüsearten bevorzugen frische Böden, die zu 40–50 % aus Sand, 30–50 % Löss und 20–30 % Ton zusammengesetzt sind. Der „Knet-Test" (Seite 52) hilft bei der Bestimmung des Bodens. Die Bodenverbesserung erfolgt jeweils im Herbst über einige Jahre hinweg. Lösshaltiger Boden wird mit Mist tierischen Ursprungs angereichert, lehmhaltiger Boden mit Kompost und sandiger Boden mit Lehm.

Humose Struktur erhalten

In der Natur bildet sich Humus von selbst, im Gemüsegarten hingegen muss der Gärtner dafür sorgen. Bodenbedeckungen (Seite 59) sowie der Eintrag von Kompost zu Beginn der Saison und wenn nötig auch während des Anbaus (Knet-Test machen) tragen dazu bei.

Kompost gilt im Allgemeinen als das braune Gold des Gartens. Ihm kommt eine Schlüsselstellung zu, wenn es um den Wuchs geht, denn manche Kulturen gedeihen am besten in einem Boden, der reich an organischen Nährstoffen ist. Auch ist er ein Muss, um einen guten Boden dauerhaft zu bewahren.

Anpassung an das Klima

Die Zeitangaben in den Kulturanleitungen zu Aussaat, Auspflanzung und Ernte sind Durchschnittswerte. Es muss jedoch noch eine Anpassung an das allgemeine und örtliche Klima vorgenommen werden. Manche Kulturen gedeihen in warmem Klima früher, oder der Anbau dehnt sich länger aus, wenn es mild ist. Wenn Sie in eine andere Klimazone umziehen, empfiehlt sich ein Blick in die Karte der Winterhärtezonen. Darin finden Sie Angaben zur Strenge des Winters. Und Sie sollten möglichst auch mit den Gärtnern in der Nachbarschaft sprechen.

Ausgewogene Bewässerung

Wasser transportiert die Nährstoffe aus dem Boden in die Pflanze und ist für das Wachstum unerlässlich. Folglich müssen die Pflanzen ausreichend bewässert und dabei die Bodenqualität (z. B. Speicherkapazität und Dränage), die individuellen Bedürfnisse der Pflanze und die natürlichen Niederschläge berücksichtigt werden. Im Allgemeinen vertragen die meisten Pflanzen mit Ausnahme von einigen sehr genügsamen Arten (z. B. Zwiebel und Karotte) unregelmäßiges Gießen oder Trockenheit nicht. Sie können krank werden (Blütenendfäule bei Tomaten) oder sie stellen das weitere Wachstum ein und beginnen zu blühen, um sich zu vermehren (Kopfsalat und Endivien). Doch auch Staunässe sollte vermieden werden, weil dann der Boden nicht atmen kann und sich ebenfalls Krankheiten entwickeln.

Fruchtbarkeit erhalten

Lokale Gemüse- und Blumengärtnereien bieten Bio-Pflanzen auf den Märkten an und die Arten sind an die regionale Saison und das Klima angepasst. Man kann sich also mit genau der Menge an Pflanzen eindecken, die man für jede Parzelle braucht, z. B. fünf Kopfsalat-Pflanzen.

Im Spätwinter werden die Parzellen mit einem NPK-Dünger gedüngt. Stickstoff (N) ist für das Blattwachstum grundlegend erforderlich. Manche Kulturen benötigen jedoch in entscheidenden Momenten wie der Fruchtbildung eine Unterstützung. Dann brauchen sie mehr Phosphor (P) und Kalium (K). Erstgenanntes Element regt die Blüte und Fruchtbildung an, das zweite stärkt die Widerstandskraft gegen Pflanzenerkrankungen. Der Dünger wird sparsam zugegeben und kann mit der Gabe von Spurenelementen (Kupfer, Bor) in Meeresalgen und Kalzium verbunden werden.

Qualitativ hochwertiges Gemüse anbauen

Gekaufte Pflanzen sollten kräftig sein, ein frisches und glänzendes Blattwerk haben und keine Spuren von Krankheiten aufweisen. Das Substrat der Töpfe darf nicht ausgetrocknet sein. Verwenden Sie für die eigene Aussaat bevorzugt Saatgut aus biologischem Anbau, vor allem, wenn Sie das Saatgut später selbst wieder gewinnen möchten.

Lebenskunst
Gemüse und Blumen bilden einen farbenfrohen, einfachen Schmuck.

Aubergine

- Botanischer Name: *Solanum melongena*
- Familie: Nachtschattengewächse
- Lebensdauer: einjährig
- Kategorie des Gemüses:

Wahl des Standortes

- Standort:
- Wuchshöhe: 60–80 cm
- Boden: tief und wasserdurchlässig, frisch und humos

Anzahl und Pflanzraster

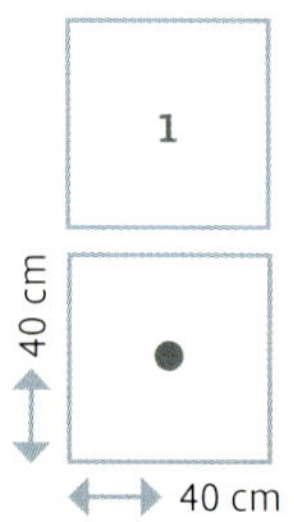

Belegung der Parzelle

4 bis 5 Monate (bei Jungpflanzen)

Fruchtwechsel

4 Jahre

Diese Gemüseart gehört zu den Sonnenanbetern (siehe Seite 34) und fruchtet am besten bei Temperaturen von 20–25 °C. Eine Pflanze kann bis zu zehn Früchte tragen, doch diese Anzahl variiert je nach Klima und Region. Selbst wenn der Ertrag gering ausfallen sollte, empfiehlt sich ein Versuch, und wenn es nur darum geht, die interessante Entwicklung des Fruchtansatzes zu beobachten.

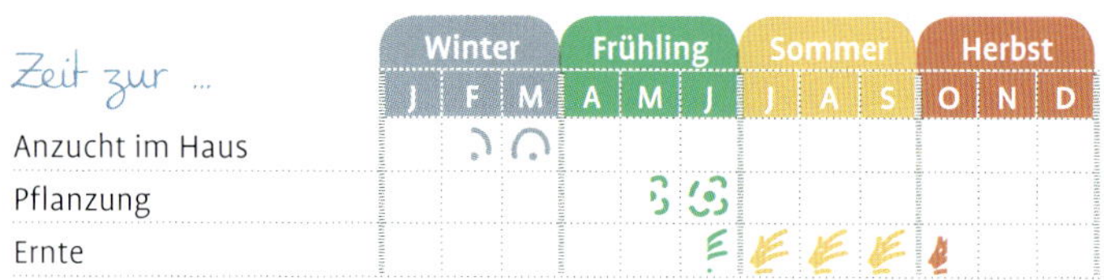

Planung

Dieses Gemüse muss ganz vorne in einer auch zur heißesten Tageszeit sehr sonnigen Parzelle stehen.

Da die Aubergine zur selben Pflanzenfamilie wie die Tomate gehört, dürfen die beiden nicht zusammen stehen. Aus diesem Grund sollten auch Kartoffeln, die eventuell in einem Reihenbeet angebaut werden, möglichst weit entfernt sein. Kartoffelkäfer fallen sonst rasch ein.

Keinesfalls sollte vor der Aubergine eine Pflanze stehen, die möglicherweise Schatten wirft. Die südlich angrenzende Parzelle darf niedrig wachsende Gemüse aufnehmen, die viel Licht durchlassen, unter anderem Knoblauch, Zwiebeln und Schalotten oder Kopfsalat, Schnittsalat und Rucola, Radieschen oder Rote Bete.

Man sollte auf den Schattenwurf der Aubergine auf die benachbarte nördliche Parzelle achten. Dort finden Bohnen, Sellerie, Kopfsalat einen Platz, der ihnen gefällt.

Aussaat oder Jungpflanze?

Die Anzucht aus Samen ist schwierig, weil Auberginen erst bei 20 °C keimen und viel Licht brauchen. Man muss ihnen im beheizten Gewächshaus oder auf der Fensterbank gute Bedingungen bieten. Einfacher ist es, wenn man Jungpflanzen kauft. Manche Sorten, auf Tomatenstämmchen veredelt, sind kräftiger und widerstandsfähiger gegen Krankheiten. Die frühen Sorten blühen bereits im Juni.

Meine Planungsidee

Ich setze dieses Gemüse bevorzugt in die mittlere Parzelle, weil sie kaum Pflege braucht.
Da der Anbau etwas kritisch ist, bleibt diese Parzelle bis zum Auspflanzen mit Stroh bedeckt, nachdem ich kaliumreiche Asche in den Boden eingebracht habe.
Im Oktober lasse ich die Parzelle entweder ruhen oder ich setze Winterlauch, der mehr Stickstoff zehrt.

Die bekanntesten Sorten tragen dunkelviolette, längliche Früchte. Aber es gibt auch weiße Auberginen und manche sind rund. Die Fruchtbildung dauert relativ lange, in unserem Klima muss also rechtzeitig gepflanzt werden, um eine reichliche Ernte zu bekommen. Die ersten Früchte sind in sehr warmen Gegenden ab Ende Juni reif, gewöhnlich wird aber im Juli geerntet.

Kleingarten und Balkon

Auberginen können in 40 cm hohen Pflanzkübeln mit humusreichem Substrat angebaut werden, wenn man auf regelmäßige Bewässerung achtet.
Ihre dunkelvioletten Stängel und Blattadern machen sie zu einer dekorativen Pflanze, die sich in Gesellschaft von Kapuzinerkresse (mit essbaren Blüten) wohlfühlt.
Diese Kombination mit einer Blume (siehe nebenstehendes Foto) kann im Quadratbeet ebenfalls umgesetzt werden, sofern man die Aubergine in eine Eckparzelle pflanzt.

Gärtnertipp

Bodenprüfung

Der „Knet-Test" besteht darin, eine Handvoll Erde wie Modelliermasse in der Faust zusammenzupressen.
Wenn die Erde bröselt und rieselt, ist der Boden sandig.
Wenn die Erde ein wenig verklumpt, ist der Boden lösshaltig.
Bildet sich ein kompakter, schwerer Klumpen, dann ist der Boden tonhaltig.

Ein Handgriff, und man spürt den Gehalt an organischen Stoffen im Boden. Auf dieser Grundlage wählt man die Kulturen für die jeweiligen Parzellen aus und bestimmt die Kompostzugabe, damit das Gemüse die besten spezifischen Bedingungen vorfindet.

Pflanzung

1 Den Boden mit einer Grabgabel gut durcharbeiten und belüften. Auberginen vertragen keine übermäßige Feuchtigkeit, daher muss der Boden gelockert und wasserdurchlässig sein.

2 Ein tiefes Pflanzloch ausheben und die Erde seitlich lagern. Unerwünschte Wurzeln herausreißen.

3 Eine ordentliche Handvoll reifen Kompost einbringen.

4 und **5** Wässern und mischen, bis ein Matsch entsteht.

6 und **7** Die Pflanze nach dem Austopfen in die feuchte Mischung aus Erde und Kompost senken. Pflanzloch zuschütten und die Erde etwas andrücken, damit die Pflanze fest im Boden steht.

8 und **9** Eine ringförmige Mulde bilden und um die Pflanze anhäufeln, damit sie gerade bleibt. Gießen.

10 Die Parzelle mit Mulch bedecken, die Mulde aber aussparen, weil darin gewässert wird.

11 Eine Stütze aufstellen und die junge Pflanze daran mit Bast fixieren. Gegebenenfalls vor Kälte schützen (siehe Erläuterung auf Seite 185).

Benötigtes Material
- 1 Stütze
- Reifer Kompost
- Stroh
- Bast

Merkzettel
Die Parzelle sollte möglichst mindestens 14 Tage vor dem Auspflanzen der Aubergine mit Stroh abgedeckt werden.

Pflege

Stützen und Anhäufeln

Eine Aubergine kann 80 cm hoch aufwachsen und hat dichtes Blattwerk, was sie windanfällig macht. Auch wenn der Stängel kräftig genug ist, um die schweren Früchte zu tragen, verringert die Stütze das Risiko, dass die Pflanze bei einer Windbö abknickt. Die beim Auspflanzen gesteckte kleine Stütze kann mit dem Wachsen der Pflanze entnommen werden. Anhäufeln macht die Pflanze stabiler.

Schnitt

Der klassische Gemüseanbau empfiehlt den Schnitt des Haupttriebes oberhalb der zweiten Blüte. Dadurch entstehen neue Seitentriebe, die ebenfalls oberhalb der zweiten Blüte abgeknipst werden, bis die Pflanze etwa acht bis zehn Früchte trägt. Alle weiteren Seitentriebe werden entfernt. In der Praxis ist das nicht immer einfach umzusetzen. Man kann der Pflanze auch Freiraum geben, sich zu entfalten, wie sie möchte, und erst dann eingreifen, wenn Früchte angesetzt werden. Das kann übrigens manchmal ausfallen, weil es beispielsweise zu kalt ist.

Der stachelige Blütenkelch hat eine Schutzfunktion. Die je nach Sorte violetten oder weißen Blüten sind zwittrig, tragen also männliche und weibliche Organe.

In Maries Gemüsegarten

Im Mai, wenn die Nächte noch frisch sind, kommen abends kleine, individuelle Folienhauben über die jungen Auberginenpflänzchen. Hauben für Tomatenpflanzen, die im Handel erhältlich sind, können Sie ebenfalls verwenden.
Als Mulch eignen sich meiner Ansicht nach besonders die Blätter des Beinwell für dieses Gemüse.

Mulchen und Gießen
Auberginen vertragen keine übermäßige Feuchtigkeit, bevorzugen aber frische Böden. Gießen Sie daher den Stock regelmäßig.

Erneuern Sie die dünne Mulchschicht während der Saison regelmäßig, wobei Sie darauf achten sollten, dass die Gießmulde erhalten bleibt. Dies ist die einzige Stelle, die gehackt werden muss, damit der Boden locker bleibt und das Wasser gut eindringt.

Düngen
Wenn die Pflanze Zeichen einer Schwächung zeigt, was im August vorkommen kann, düngen Sie mit einem PK-Dünger oder Sie gießen mit einer Brennnesseljauche.

Kälteschutz
Die Pflanze ist kälteempfindlich und braucht einen Schutz, vor allem wenn nach dem Auspflanzen die Temperaturen unter 12 °C fallen. Dies kann sogar im Mai oder Juni noch geschehen. Während des gesamten Wachstumszyklus sollten Sie darauf achten, insbesondere wieder ab Mitte August, weil die Temperaturen dann wieder fallen.

Ernte und Lagerung

Die Frucht wird oberhalb des Blütenkelchs mit einer Gartenschere vom Stängel geschnitten. Wenn die Frucht schön geformt, rundlich und fest ist, wäre der beste Zeitpunkt. Hellt sich die Fruchtfarbe auf oder verfärbt sich stellenweise rosa, dann wird es höchste Zeit zu ernten. Danach ist es zu spät. Mit Ausnahme des Blütenkelches wird die gesamte Frucht verzehrt (Haut und Fruchtfleisch).

Dieses Gemüse kann einige Tage im Gemüsefach des Kühlschranks gelagert werden. Dann wird die Haut welk und runzlig und das Fleisch holzig, weil sie austrocknet. Man kann sie nur im gekochten Zustand, z. B. als Ratatouille, einfrieren.

Basilikum

Basilikum wird im März im Haus ausgesät und im Juni in den Gemüsegarten ausgepflanzt. Das Gewürzkraut braucht Wärme und teilt sich gerne die Parzelle mit einer Tomate oder wächst versteckt vor einer Gurke, die regelmäßig gegossen wird. Es gibt dekorative grüne und purpurne Sorten. Ernten Sie regelmäßig von Juni bis September, damit die Pflanze erst spät zur Blüte kommt.

- Botanischer Name: *Ocimum basilicum*
- Familie: Lippenblütler
- Lebensdauer: einjährig
- Kategorie des Gemüses:

Wahl des Standortes
- Standort:
- Wuchshöhe: 30–40 cm
- Boden: locker und durchlässig, frisch und humos

Anzahl und Pflanzraster

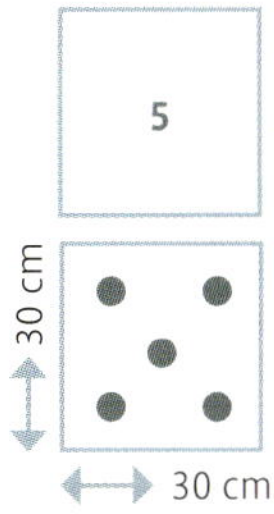

Belegung der Parzelle
5 bis 6 Monate

Fruchtwechsel
2 Jahre

Blumenkohl

Durch schräges Anhäufeln kann auch Blumenkohl in Quadratparzellen angebaut werden. Um aber einen schönen, großen, weißen Kopf zu ernten, muss man ideale Bedingungen schaffen: einen Schattenplatz mit einem frisch-feuchten Boden, der gemulcht und regelmäßig gewässert wird. So gelingt eine gute Ernte.

- Botanischer Name: *Brassica oleracea* var. *botrytis*
- Familie: Kreuzblütler
- Lebensdauer: einjährig
- Kategorie des Gemüses: ✳

Wahl des Standortes

- Standort:
- Wuchshöhe: 40–50 cm
- Boden: locker und fett, frisch und humos

Anzahl und Pflanzraster

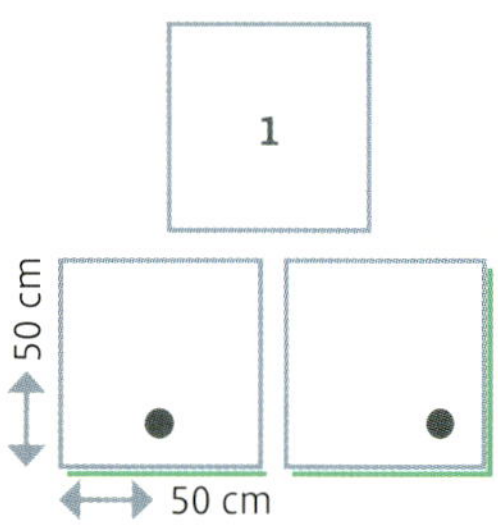

Belegung der Parzelle

4 bis 6 Monate (bei Jungpflanzen)

Fruchtwechsel

4 Jahre (auch für Pflanzen derselben Familie)

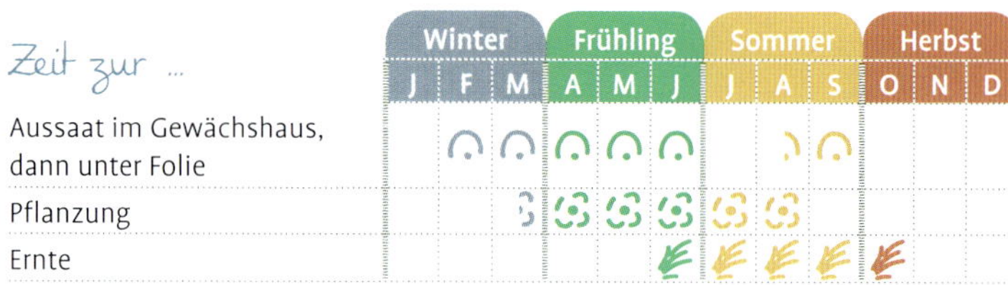

Planung

Parzellen in der Mitte sind ausgeschlossen, weil Blumenkohl in alle benachbarten Kulturen hineinwächst. Man setzt ihn an die Kante, am besten in eine Ecke.

Er muss im Schatten stehen, vor allem wenn die Sonne im Sommer herunterbrennt. Am besten setzt man ihn auf der Nordseite von Stangenbohnen oder hinter einem Tomatenstock.

Bei den benachbarten Parzellen sollten Sie daran denken, dass das Blattwerk sich ausbreitet – sowohl bei Blumenkohl als auch bei den Nachbarn. Wenn er schon gut entwickelt ist, sollten Sie Kulturen wählen, die dadurch nicht beeinträchtigt werden.

Aussaat oder Jungpflanze?

Es gibt Sorten, die im Februar gesät und im Sommer geerntet werden, andere werden von April bis Juni gesät und im September/Oktober geerntet. Die im August und September gesäten müssen im Winter gut geschützt stehen, damit man sie ab März auspflanzen kann. Besser ist es aber, wenn man sich eine Pflanze in der Gärtnerei beschafft, die zum richtigen Zeitpunkt auch die richtige Sorte anbietet.

Meine Planungsidee

Um die Feuchtigkeit zu erhalten, die der Blumenkohl benötigt, wähle ich eine Parzelle aus, die morgens im Schatten bleibt und bei der der Tau einige Stunden zum Abtrocknen braucht.

Pflanzung

1 und 2 Die Parzelle mit der Grabgabel tief lockern und jäten, damit alle Wurzeln und Steine entfernt werden. Diese Kultur wird einige Monate stehen bleiben.

3 und 4 Eine Handvoll reifen Kompost unter die Erde mischen. Pflanzloch am Rand des Beetes oder in der Ecke ausheben.

5 Den Wurzelballen durch Untertauchen anfeuchten.

6 Pflanze schräg in das Pflanzloch stellen, in Richtung Außenkante der Parzelle. Mit Erde bis auf Höhe der untersten Blätter auffüllen.

7 und 8 Anhäufeln, dabei eine Gießmulde anlegen, reichlich gießen.

9 Eine Schicht reifen Kompost auf der gesamten Parzelle verteilen.

10 Parzelle mit Mulch bedecken, dabei die Gießmulde erhalten.

Benötigtes Material
- Reifer Kompost
- Mulch aus Häckselgut

Wichtiger Hinweis
Keinen frischen tierischen Dünger verwenden.

Die Blätter werden über dem weißen Kopf des Blumenkohls zusammengeschlagen.

Pflege

Mulchen

Dies ist zwingend nötig, um den Standort des Blumenkohls kühl zu halten. Da die Kultur mehrere Monate auf der Parzelle steht, wird bei Bedarf reifer Kompost unter der Mulchschicht ausgebracht. Eine 4 cm starke Schicht Häckselgut wäre ideal. Klee eignet sich ebenfalls, da er Stickstoff liefert.

Gießen

Da der Boden unter der Mulchschicht feucht bleiben soll, muss regelmäßig aber nicht übermäßig gegossen werden.

Der Blumenkohl mag Trockenheit absolut nicht, wird dann krankheitsanfällig und stellt das Wachsen ein.

Schräg anhäufeln und die Beetnachbarn

Zu Beginn seines Wachstums bringt man den Blumenkohl durch schräges Anhäufeln dazu, Richtung Gartenweg zu wachsen. Das geht jedoch nur, solange die Pflanze noch jung und biegsam ist. Später verholzt sie und man kann sie nicht mehr dressieren.

Obwohl die Pflanze nach außen geleitet wird, dringen ihre Blätter nach und nach auf die benachbarten Parzellen vor. Sie werden entweder mithilfe von Pflanzstäben zurückgebunden oder umgeknickt, indem man sie bricht. Wenn der Blumenkohl ausreichend Grün für ein gesundes Wachs-

In Maries Gemüsegarten

Hier und da stehen wassergefüllte Töpfe. Vögel und Insekten besuchen sie zum Trinken und neben einem Blumenkohl sorgen sie für Kühle.

tum gebildet hat, kann man die unteren Blätter mit der Gartenschere abschneiden.

Düngung

Bei den Frühlingssorten ist kein Dünger nötig, weil die Parzelle gewöhnlich zu Beginn der Saison ausreichend gedüngt wurde. Zwei Monate nach dem Pflanzen gießt man mit Brennnesseljauche. Bei den Wintersorten wurden vorher auf der Parzelle schon einige Kulturen angebaut. Daher wird ein ausgewogener, langsam verfügbarer Dünger zugegeben. In vierzehntägigem Abstand empfiehlt sich das Sprühen von Schachtelhalmabsud (siehe Seite 110).

Schutz des Kopfes

Sobald sich der Kopf zu bilden beginnt, schlägt man die Blätter darüber, damit er schön weiß bleibt, wie auf dem Foto links zu sehen. Dies wiederholt man, bis der Kopf erntereif ist. Damit prüft man regelmäßig, ob sich der Kohlkopf gesund entwickelt.

Blumenkohl, eigentlich eine verwirrende Bezeichnung! Bei Brokkoli sind es tatsächlich, die Blüten, die wir essen. Beim Blumenkohl ist es eine Vorstufe der Blütenentwicklung, ein Organ, aus dem sich die Blütentriebe entwickeln. Trotzdem sprechen wir in beiden Fällen von „Köpfen".

Ernte und Lagerung

Wenn der Kopf schön geformt und weiß ist, können Sie ernten. Schneiden Sie dazu den Strunk unterhalb der Blätter mit einem scharfen Messer ab. Wenn der Kopf leicht rosa wird, ist es allerhöchste Zeit zur Ernte. Danach platzt er auf und bildet Spitzen aus, woraus sich die Blüten entwickeln.

Die Blätter werden entfernt. Man verzehrt nur den Kopf, roh oder in Wasser gekocht bzw. gedämpft.

Gärtnertipp

Bodenbedeckung

Mulch erhält die humusreiche Zusammensetzung des Substrats. Er zersetzt sich und trägt zur Erneuerung der organischen Stoffe im Boden bei (siehe Seite 46), er nährt die Bodenorganismen und hält den Boden feucht, wodurch das Wässern länger vorhält. Er verhindert das Keimen von Unkraut und reduziert so den Aufwand der Beetpflege. Das verwendete Material sollte atmungsaktiv sein, also kein Plastik. Man kann Stroh, Heu, Rasenschnittgut, Farnblätter (was die Schnecken nicht mögen), Klee (stickstoffhaltig), Beinwell verwenden, oder auch Rainfarn, trockenes Laub sowie reifen Kompost. Holzhäcksel eignen sich bei Kulturen, die keine regelmäßige, feine Bodenbearbeitung erfordern (Kohl, Gurken, Melone). Der Mulch wird etwa 3 cm hoch um die Pflanzen verteilt. Man lockert oder ersetzt diese Schicht, wenn sie sich zersetzt hat oder Spuren von Schimmel zeigt.

Bohnen

Es passt gut, dass man von Bohnen immer in der Mehrzahl spricht, denn es gibt unzählige Varietäten und Arten – Grüne Bohnen, Brechbohnen, frische oder trockene, Buschbohnen oder Stangenbohnen. Alle kann man im Quadratgarten anbauen, was eine exotische Palette für die Kulturen und den Kochtopf bedeutet. Bei zwei Parzellen Buschbohnen rechnet man mit einem Ertrag von 1,5 kg. Stangenbohnen produzieren dieselbe Menge auf einer Parzelle.

- Botanischer Name: *Phaseolus vulgaris*
- Familie: Hülsenfrüchtler
- Lebensdauer: einjährig
- Kategorie des Gemüses:

Wahl des Standortes
- Standort:
- Wuchshöhe
  Buschbohnen: 40–50 cm
  Stangenbohnen: 1,5–3 m
- Boden: leicht und locker
  frisch und humos

Anzahl und Pflanzraster

Buschbohnen:

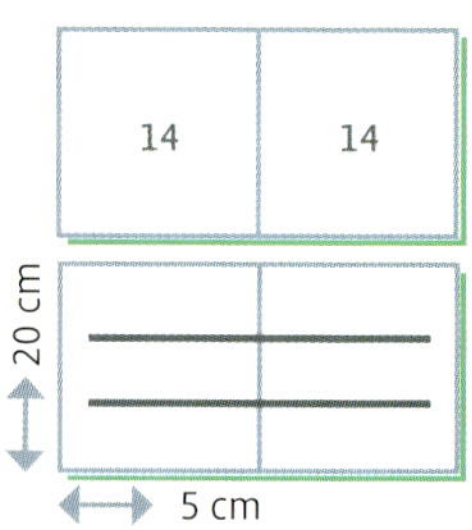

Stangenbohnen:

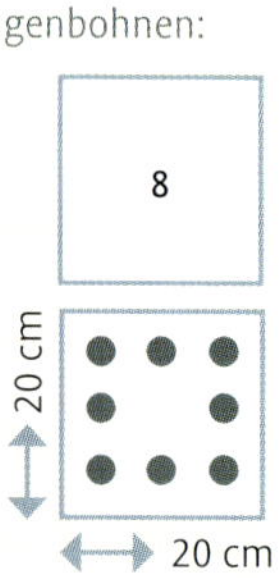

Belegung der Parzelle
3 bis 4 Monate (bei Aussaat)

Fruchtwechsel
2 Jahre

Planung

Die Planung für dieses Gemüse ist leicht gemacht:

Für Buschbohnen werden zwei zusammenhängende Parzellen an einer Ecke vorgesehen. Stangenbohnen sehen wunderbar in der mittleren Parzelle eines Quadratbeetes aus.

Der Schattenwurf der Stangenbohnen hat Auswirkungen auf die Planung der benachbarten Parzellen.

Stangenbohnen, die zu eng am Rand ihrer Parzelle stehen, können problematisch für die benachbarten Kulturen werden, weil sie von dort das Wasser entziehen. Auf Wassermangel empfindlich reagierende Arten wie Löwenzahn, Mais, Spinat, Lauch sind daher zu vermeiden.

Aussaat oder Jungpflanze?
Nur Aussaat ist möglich, sie gestaltet sich aber durch die großen Kerne recht einfach. Bei mildem Klima geht es im März/April los. Ansonsten gelten die Eisheiligen als Bezugspunkt. Manche Gärtner verlassen sich auch auf die Blüte des Weißdorns. Unabhängig von der Referenz sollte die Bodentemperatur zwischen 12 und 15 °C liegen. Man hält sich am besten je nach Sorte an die Angaben auf dem Saatgutpäckchen.

Meine Planungsidee

Die Schwierigkeit bei den Buschbohnen besteht darin, die Aussaat zu staffeln und immer zwei benachbarte Eckparzellen frei zu haben. Eine Möglichkeit ist es, sie neben Radieschen und Rucola zu setzen, die zeitgleich geerntet werden. Man ersetzt dann Radieschen und Rucola durch Bohnen und umgekehrt.

Aussaat

1 Boden tief umgraben, damit er locker und luftig wird, Brocken zerkleinern, nötigenfalls jäten.

2 Saatschildchen im Abstand von 20 cm aufstellen und Furchen von 5–7 cm Tiefe ziehen.

3 Bohnenkerne regelmäßig im Abstand von 5 cm auslegen.

4 Samen mit 1–2 cm Erde bedecken und mit der Rückseite des Rechens gut andrücken. Die Furche bleibt erhalten.

5 Jede Furche großzügig mit der Brause wässern.

Wichtiger Hinweis

- Bohnen mögen weder kalte noch feuchte, schwere Böden oder gar kalkhaltige. Dies sollten Sie bei der Vorbereitung des Bodens vor der Saat bedenken. Verwenden Sie auf keinen Fall frischen Mist.
- Bohnenkerne, die vor dem Säen 24 Stunden in Wasser eingeweicht wurden, keimen schneller.

In Maries Gemüsegarten

Es ist eine Tradition aus Tante Annas Familie: Die ersten Bohnen werden zu Ostern gelegt und mit Anzuchtfolie bedeckt. Die letzten Bohnen säe ich bis Ende August. Manchmal laufen die einen oder anderen nicht auf, das macht nichts. Es kann auch gelingen!

Dicke Bohnen (Trocken-Kochbohnen) werden geerntet, wenn die Bohnen nahezu oder ganz getrocknet sind. Die Hülsen sind dann trocken und gelb. Man bricht sie auf und nur die Kerne werden aufbewahrt. Sie haben unterschiedliche Farben (Weiß, Schwarz) oder sind marmoriert.
Filetbohnen haben grüne Hülsen, im Fall der Wachsbohnen gelbe oder sogar violette, je nach Sorte. Sie werden geerntet, solange sie noch nicht reif sind. Man muss vor dem Kochen die Fäden entfernen.
Mangetout-Bohnen werden gepflückt, wenn sich die Kerne noch nicht in den grünen oder gelben Hülsen gebildet haben. Wie der Name schon sagt, ist die ganze Hülse essbar.
Flageolettbohnen werden geerntet, wenn sich die Kerne in der Hülse schon sichtbar gebildet haben, aber noch zart sind. Sie werden herausgeschält.

Kleingarten und Balkon

Man sollte sich das Vergnügen nicht entgehen lassen, Stangenbohnen in einem großen, 40 cm hohen Kübel oder in einer Ecke des Gartens zu kultivieren. Sie benötigen nur eine geringe Bodenfläche, weil sie vertikal aufwachsen und fruchten. Sie lassen sich wunderbar mit Winden kombinieren (oben rechts), die zur selben Zeit gesät werden und den Bohnenertrag überhaupt nicht beeinträchtigen.

Pflege

Vom Anhäufeln und den Parzellennachbarn

Das Anhäufeln erfolgt, sobald die Pflanzen etwa 15 cm hoch aufgewachsen sind. Die Erde, die zu beiden Seiten der Saatfurche bei der Aussaat liegen geblieben ist, wird nun um die Triebe zusammengeschoben, um sie zu stützen. Bei dieser Gelegenheit können Sie die Pflanzen in Richtung des Weges lenken. Ganz langsam werden sie sich in dieser Richtung weiterentwickeln und dadurch die Bestände der Nachbarparzellen nicht stören. Stellen Sie an den Kanten der benachbarten Parzellen Stützen auf, um die üppigen Blätter der Bohnen zu dressieren.

Die traubenförmig angeordneten Blüten sind zwittrig und selbstbefruchtend. Je nach Art und Sorte sind sie weiß, lila oder rot.

Hacken und Gießen

Hacken ist immer von Nutzen, damit der Boden wasserdurchlässig bleibt, vor allem zu Beginn des Wachstums.

Gegossen wird regelmäßig, weil Bohnen frische Böden lieben, aber keinen Mulch vertragen. Wässern Sie mit dem Strahl der Gießkanne immer unten an jedem Bohnenstämmchen, niemals von oben auf das Blattwerk.

Düngung

Durch Düngerüberschuss, insbesondere Stickstoff, werden die Bohnenpflanzen schwächlich. Wenn man sie in den ersten Monaten der Pflanzsaison bis Juli sät, dann zehren sie von der Vorbereitung des Bodens im Spätwinter. Man muss keinen weiteren Dünger zuführen. Sobald die Fruchtbildung beginnt, empfiehlt sich jedoch die Gabe von Spurenelementen (siehe Seite 85).

Ernte und Lagerung

Die Ernte erfolgt gewöhnlich gestaffelt von Mitte Juni bis Mitte Oktober. Man braucht zum Pflücken beide Hände. Eine hält den Trieb, die andere zupft die Hülse ab. Man muss den richtigen Zeitpunkt abpassen, sonst werden beispielsweise die Flageolettbohnen trocken. Bei den feinen Stangenbohnen regt die regelmäßige Ernte die Blüte an. Verpasst man diesen Moment, dann blüht die Bohne nicht weiter und die Bohnenkerne reifen schnell heran. Bohnen können als frische oder Trocken-Kochbohnen verwendet werden. Bei den Buschbohnen ist nur eine Ernte möglich.

Nach der Ernte werden die Büsche herausgezogen und als Mulch auf der Parzelle zurückgelassen, sofern nicht eine andere Kultur zum Anbau darauf vorgesehen ist. Die Filet- und Mangetoutbohnen (Feine grüne Bohnen) werden in Wasser gegart und danach als warme Beilage oder abgekühlt im Salat verzehrt. Frisch halten sie sich nur wenige Tage, doch man kann sie leicht tiefgefrieren oder einkochen. Frische Flageolettbohnen oder Trocken-Kochbohnen sind nach dem Kochen verzehrfertig. Die Erstgenannten muss man tiefgefrieren oder einkochen, die zweiten werden trocken und dunkel gelagert.

Pflanzen-Mix
Bunt durcheinander stehende Gemüse, das ist das Geheimnis der Pflanzengemeinschaft zum Schutz dieser wertvollen, weil mengenmäßig geringen Kulturen. Schadinsekten verlieren sich darin, doch dem Gärtner sind sie eine Augenweide.

Brokkoli

- Botanischer Name: *Brassica oleracea* var. *italica*
- Familie: Kreuzblütler
- Lebensdauer: einjährig
- Kategorie des Gemüses:

Wahl des Standortes

- Standort:
- Wuchshöhe: 40–80 cm
- Boden: locker und wasserdurchlässig, frisch und humos

Anzahl und Pflanzraster

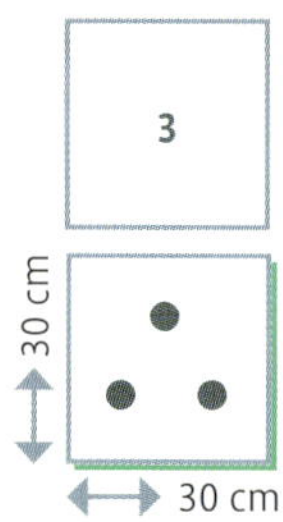

Belegung der Parzelle

3 bis 4 Monate (bei Jungpflanzen)

Fruchtwechsel

4 Jahre (auch für Pflanzen derselben Familie)

Die einjährigen Sorten eignen sich gut für den Anbau im Quadrat, vorausgesetzt man häufelt sie schräg an (siehe Seite 71), gibt ihnen humoses Substrat und Feuchtigkeit. Dieses geschmacklich feine Gemüse kann bis zu Beginn des Winters angebaut werden.

Planung

Im Sommer bevorzugt Brokkoli eine halbschattige Parzelle, damit der Boden ausreichend frisch bleibt.

Brokkoli sollte nicht in der mittleren Parzelle stehen, weil er die benachbarten Kulturen zu stark beeinträchtigt. Die Platzierung in einer Ecke wäre ideal, damit man den Weg mit nutzen kann.

Weil die Pflanzen 80 cm hoch werden können, muss man ihren Schattenwurf auf die anderen Parzellen berücksichtigen.

Aussaat oder Jungpflanze?

Am einfachsten ist es, wenn Sie sich drei Pflanzen kaufen und mit zeitlichem Abstand setzen. Sie können aber auch aussäen. Die Pflanzen sind anspruchslos, sofern sie mit eigenem Ballen gezogen werden, weil sie das Auspflanzen nicht gut vertragen.

Meine Planungsidee

Während der heißen Jahreszeit reserviere ich dem Brokkoli eine Parzelle, die vormittags im Schatten liegt und wo der Tau sich hält.
Ich achte sehr auf die Wahl der benachbarten Kulturen, weil die Brokkoliblätter viel Platz brauchen. Sind sie schon weit entwickelt, setzte ich eher Jungpflanzen wie Salat, anstatt zu säen.

Ein Blumenstrauß!

Brokkoli-Köpfe sind eigentlich ein Blütenstand, der aus Hunderten Knospen besteht. Man erntet also grüne, runde und geschlossene Blüten. Wenn der Kopf leicht gelblich wird (Foto oben), dann besteht die letzte Möglichkeit zu ernten. Danach brechen kleine gelbe Blüten auf (nebenstehendes Foto). Ihre Kreuzform erinnert daran, dass diese Familie der Brassicaceae, wozu alle Kohlarten gehören, früher Cruciferae hieß.

Benötigtes Material
- Reifer Kompost
- Mulch

Pflanzung

1 Boden gut lockern, sodass er wasserdurchlässig wird. Kontrollieren, ob das Substrat genug Humus enthält, gegebenenfalls reifen Kompost zugeben.

2 Ballen gut wässern (siehe Seite 145). Die Pflanzen gemäß Pflanzraster im Abstand von 30 cm platzieren. Für jedes Pflänzchen ein Loch ausheben, das etwas tiefer ist als die Größe des Ballens.

3 Das Pflanzloch gut wässern.

4 Jede Pflanze setzen und die Lücken mit Erde füllen. Die Pflanzen schräg festdrücken: die beiden Pflanzen am Rand nach außen hin, die dritte zur Mitte hin.

5 und **6** Kompost verteilen, gießen, Mulchschicht ausbringen.

Pflege

Mulchschicht und Wässern
Beides ist zwingend nötig, um vor allem im Sommer die vom Brokkoli bevorzugten, feuchten Wuchsbedingungen zu schaffen. Bei Wassermangel geht der Brokkoli in eine Ruhephase, wächst nicht mehr weiter und die Blüten brechen auf.

Schräg anhäufeln und Schnitt der Blätter
Weil drei üppig wachsende Pflanzen zusammen in eine Parzelle gesetzt werden, sind Schnitt und Anhäufeln (siehe rechts) notwendig.

Die Blätter werden geschnitten, wenn sie die benachbarten Parzellen oder die anderen Brokkolipflanzen zu stark beeinträchtigen.

Düngung
Wenn Sie Brokkoli auf einer vorher schon anders kultivierten Parzelle auspflanzen, sollten Sie entweder mit Brennnesseljauche gießen oder einen ausgewogenen Dünger ausbringen. Günstig wäre es 1 Woche nach der Pflanzung.

Ernte und Lagerung

Wenn die Knospen schon gerundet, füllig, aber noch grün, manchmal leicht violett sind, erntet man das Gemüse, indem man den Haupttrieb unterhalb des Blütenstandes mit dem Messer abschneidet.

Dann bilden sich seitlich in den Blattachseln neue Blütenstände. Sie bleiben kleiner als der Blütenstand am Haupttrieb, oftmals reicht es aber nicht für eine größere Ernte. Versuchen kann man es dennoch.

Die letzten Brokkoli werden vor dem Frost herausgezogen und an einer kühlen Stelle aufgehängt. So halten sie sich einige Wochen.

Die Köpfe, der Stängel und junge Blätter werden dampfgegart oder in Wasser gekocht. Dazu gibt es unterschiedlichste Rezepte. Lediglich die Röschen des Kopfes können auch roh verzehrt oder Salaten beigegeben werden.

Gärtnertipp

Schräg anhäufeln

Dieses Verfahren wird nur beim Anbau in Quadraten, vor allem für Kohlarten, angewendet. Dabei wird die Pflanze schräg gezogen, damit sie in eine gewünschte Richtung wächst, z. B. zum Weg hin. Dort findet sie Platz zur Entwicklung und stört die benachbarten Parzellen weniger. Das geschieht während des gesamten Wachstums nach dem Auspflanzen, solange die Triebe biegsam sind. Man häufelt die Erde zu einem kleinen Haufen um die Pflanze an, auch Gehölzhäckselgut kann verwendet werden. Gewöhnlich wird eine Kohlpflanze bis zur ersten Blattachse eingepflanzt. Das geht im Gemüsequadrat nicht, weil man dann die schrägen Haufen nicht anlegen kann.

Erbsen

- Botanischer Name: *Pisum sativum*
- Familie: Hülsenfrüchtler
- Lebensdauer: einjährig
- Gemüsekategorie:

Wahl des Standortes
- Lage:
- Wuchshöhe:
  Zwergsorten: 30–50 cm
  Klettersorten: 2 m
- Boden: leicht, locker und wasserdurchlässig, frisch

Anzahl und Pflanzraster

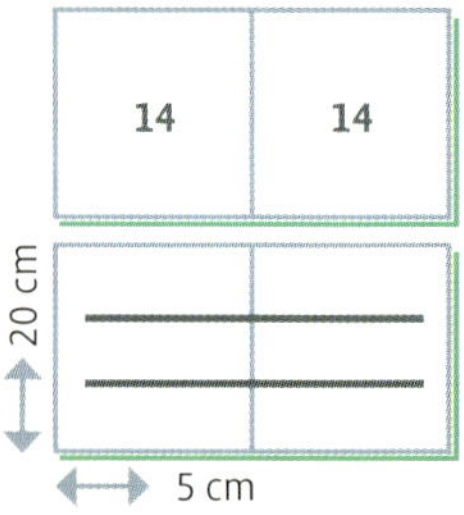

Belegung der Parzelle
4 Monate

Fruchtwechsel
3 Jahre

Die Qualität zählt hier, nicht die Quantität. Bei Erbsen ist der Ertrag sehr bescheiden – etwa 500 g bei Zwergsorten auf zwei Parzellen –, aber der Geschmack von Erbsen aus dem eigenen Garten ist einzigartig und darf in keinem Gemüseeintopf fehlen. Man kann wählen zwischen den Pal- und Markerbsen, bei denen man die Samenkörner verzehrt, und den komplett essbaren Zuckererbsen oder Zuckerschoten.

Zeit zur …	Winter			Frühling			Sommer			Herbst		
	J	F	M	A	M	J	J	A	S	O	N	D
Aussaat im Freiland	x	x	x	x	x	x	(x)				x	x
Ernte					x	x	x	x	x	(x)		

Planung

Die Zwergsorten muss man frühzeitig einplanen, damit man nicht vergisst, die zwei dafür benötigten benachbarten Parzellen in einer Ecke des Kulturbeets zu reservieren.

Für eine leichtere Pflege – Hacken, Gießen und Pflücken – sollten sie nicht in die Mitte gesetzt werden.

Die besser zugänglichen Klettersorten dürfen in einer mittleren Parzelle stehen, brauchen aber ein Gerüst wie die Stangenbohnen.

Bei manchen Sorten muss man daran denken, dass sie auf benachbarte Gemüse Schatten werfen könnten.

Aussaat oder Jungpflanze?

Es gibt nur die Möglichkeit zu säen. Dies ist sehr einfach, da die Samenkörner groß sind und Erbsen an den Boden wenige Ansprüche stellen. In Gegenden mit mildem Klima werden im Herbst/Winter die winterharten, jedoch weniger ergiebigen Sorten mit den runden glatten Körnern ausgesät, im März bis Juli die Erbsen mit den runzeligen Samen. Zuckerschoten werden nur im Frühjahr gesät.

Meine Planungsidee

Erbsen binden Stickstoff. Sie können als erste Kultur der Saison zum Düngen in eine im Vorjahr ziemlich erschöpfte Parzelle gesetzt werden, worauf dann Gemüse wie Staudensellerie, Blattsalate, Rucola folgen können.
Nach der Ernte dienen sie als Mulch für andere Kulturen.

Aussaat

1 Durch Hacken den Boden der beiden Parzellen gut zerkleinern und belüften. Bei Aussaat im Herbst setzt man die Grabgabel ein, um einen tief gelockerten und wasserdurchlässigen Boden zu bekommen.

2 und **3** Saatschildchen aufstellen und zwei 2 cm tiefe Furchen in je 20 cm Abstand anlegen.

4 Mit regelmäßigem Abstand von 5 cm bis zur Kante am Weg Erbsensaat legen.

5 und **6** Die Furchen mit Erde zuschieben und mit dem Rechen festdrücken. Reichlich mit der Brause gießen.

7 Die Rankhilfen zwischen die Furchen fest in den Boden stecken.

Benötigtes Material
– Zweige zum Ranken

Wissenswert
Die Klettersorten werden in Mulden gesät wie im Pflanzraster für die Stangenbohnen abgebildet (siehe Seite 60 und 113).

Die zarten Erbsenblüten erinnern an Schmetterlingsflügel. Sie sind zwittrig und selbstbestäubend, je nach Sorte weiß oder violett.

Pflege

Anhäufeln und stützen

Wenn die jungen Pflanzen etwa 15 cm groß sind, kann man beim Hacken die Erde zwischen den Furchen unten an den Pflanzen anhäufeln.

Während des Wachstums gibt man ihnen Gelegenheit, sich an der Rankhilfe festzuhalten.

Gießen und Mulchen

Bis zum Austreiben werden die Samen feucht gehalten. Danach sollten Sie die Erde regelmäßig mit dem Wasserstrahl gießen, da Erbsen insbesondere vom Zeitpunkt der Blüte an keine trockenen Böden mögen. Aus diesem Grund können Sie auch mulchen.

Düngen

Zu Saisonbeginn ist düngen nicht nötig, da die Erbsen von dem frisch vorbereiteten Boden profitieren. Bei späterer Aussaat im Juni können Anzeichen von Schwächung auftreten, in einem solchen Fall mulchen Sie mit einem Dünger, der mehr Phosphor und Kalium enthält als Stickstoff.

Gärtnertipp

Behutsam Stangen und Stützen aufstellen

Salat- und Gewürzgurken sowie Erbsen haben Klettersprosse, mit denen sie sich an die vertikalen Stützen anklammern. So schützt die Pflanze ihre Früchte vor direktem Kontakt mit dem Boden. Man sollte also Kletterhilfen bereitstellen. Andere Gemüse sind nicht so optimal ausgestattet. Tomaten muss man an Stangen anbinden (siehe Seite 173). In jedem Fall müssen Rankhilfen und Stützen während des Wachstums regelmäßig angepasst werden, vorsichtig und ohne die Pflanze abzubrechen oder in ihrer Entwicklung zu behindern. Gurken etwa würden aufhören zu wachsen.

Ernte und Lagerung

Wie bei den Bohnen benötigen Sie beide Hände zum Ernten. Mit der einen halten Sie die Zweige fest und mit der anderen pflücken Sie die Hülsen. Das ist mehrmals nötig, da nicht alle zur gleichen Zeit reif sind. Regelmäßiges Pflücken regt die Produktion der Klettersorten an.

Man erntet die Pal- und Markerbsen, wenn die Samen im Innern der Hülsen gut ausgebildet sind. Nach dem Enthülsen kann man die Erbsen kochen oder blanchiert einfrieren.

Zuckerschoten pflückt man, bevor sich die Samen gebildet haben, die Hülsen also noch klein und zartgrün sind. Man entfernt die Fäden und genießt sie gekocht oder knackig roh.

Estragon

- Botanischer Name: *Artemisia dracunculus*
- Familie: Korbblütler
- Lebensdauer: mehrjährig
- Kategorie des Gemüses:

Wahl des Standortes
- Standort:
- Wuchshöhe: 40–60 cm
- Boden: leicht und wasserdurchlässig, frisch und humos

Anzahl und Pflanzraster

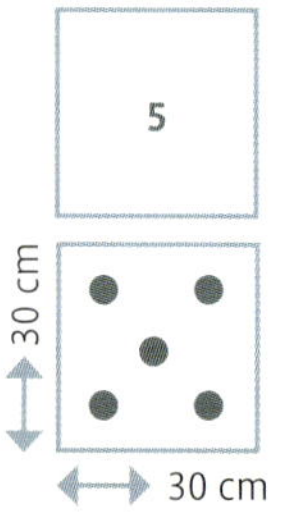

Belegung der Parzelle
Mehrjährig

Fruchtwechsel
4 Jahre

Geeignet ist ein heller und warmer Standort, der vor spätwinterlichem Frost geschützt ist. Man beschafft sich am besten eine Pflanze anstatt auszusähen. Sie wird später wegen ihres ausgreifenden Wuchses die gesamte Parzelle einnehmen. Estragon verträgt keinen Wassermangel und braucht ab Herbst eine schützende Bedeckung. Die Staude wird alle 3 bis 4 Jahre geteilt. Bis zum Frost erntet man die Blätter mit Zweigen und konserviert sie getrocknet oder tiefgefroren.

Feldsalat

Die Sommersorten eignen sich wunderbar, um in die Pflanzsaison zu starten. Zunächst muss aber der Boden verbessert werden: Feldsalat liebt Humus und mag keine lehmigen Böden. Die Wintersorten bieten bis zum Anfang des folgenden Jahres eine Salaternte und bei einer Parzelle ist ein Ertrag von zwei Salatschüsseln für je zwei Personen zu erwarten. Legen Sie einfach mehrere Parzellen hier und da im Gemüsegarten an.

Zeit zur ...	Winter			Frühling			Sommer			Herbst		
	J	F	M	A	M	J	J	A	S	O	N	D
Aussaat im Freiland			◠	◠			◠	◠	◠			
Ernte	⸙	⸙	⸙			⸙	⸙	⸙		⸙	⸙	⸙

Planung

Als einziges Gemüse aus dieser Pflanzenfamilie ist Feld- oder Ackersalat leicht einzuplanen und er kann eingesetzt werden, um einen Kreislauf in der Fruchtfolge zu unterbrechen.

Im März/April empfiehlt sich während des Keimens eine sonnige Parzelle. Weil diese Kultur aber bereits ab Juni geerntet wird, muss man keine vollsonnige Parzelle damit belegen. Vollsonnige Plätze im Beet sollte man eher für die wahren Sonnenanbeter reservieren.

Nachbarparzellen der im Frühling gesäten Sorten können mit Kulturen bestellt werden, die den Feldsalat im Sommer beschatten.

Für die Aussaat im Juli darf es eine halbschattige Parzelle sein, die ab Oktober, also der Ernte der umliegenden Kulturen, wieder in der prallen Sonne liegt.

Diese Kultur benötigt im Winter einen Schutz. Daher wäre es sinnvoll, wenn Sie neben dem Feldsalat Gemüse anbauen, die auch geschützt werden müssen (z. B. Spinat, Chicoree). Dann kann das gesamte Beet an einem Stück überdeckt werden.

Aussaat oder Jungpflanze?

Pflanzen werden im Spätsommer in winzigen Containern angeboten. Aber auch das Aussäen ist ganz einfach. Manche Sorten werden ab März/April (unter Folientunnel) zur Ernte im Sommer gesät, manche haben sehr große Samenkörner, was beim Gärtnern mit Kindern ideal ist, und wieder andere sind nach 90 Tagen schon erntereif.

Meine Planungsidee

Um den Feldsalat nicht zu vergessen, säe ich ihn ab Sommer am Rankgitter bei den Gurken oder nach dem Kohl. An dieser Stelle war der Boden mehrere Monate lang gemulcht und ist damit humusreich.

- Botanischer Name: *Valerianella locusta*
- Familie: Baldriangewächse
- Lebensdauer: zweijährig
- Kategorie des Gemüses:

Wahl des Standortes
- Standort:
- Wuchshöhe: 10–20 cm
- Boden: frisch und humushaltig

Anzahl und Pflanzraster

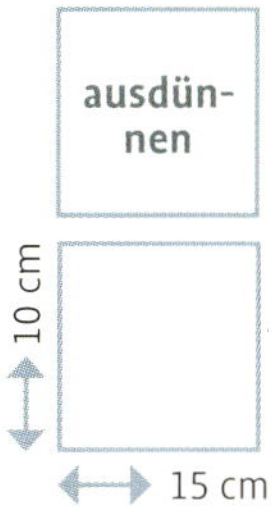

Belegung der Parzelle
5 Monate (bei einjähriger Kultur)
7–9 Monate (zweijährig)

Fruchtwechsel
2 Jahre

Die Sorten mit großen Samenkörnern machen eine geordnete Aussaat einfacher. Die kleinen streut man dagegen breitwürfig aus.

Aussaat

1 Hacken und Unkraut entfernen, damit die Stelle für dieses Gemüse gut vorbereitet ist. Es wird mehrere Monate hier stehen. Der Einsatz der Grabgabel ist nicht erforderlich, weil der Feldsalat keine tiefe Bodenbearbeitung braucht.

2 Saatschildchen im Abstand von 15 cm aufstellen, Boden ebnen und Furchen von 1–2 cm Tiefe ziehen.

3 Eine dünne Schicht reifen Kompost oder Anzuchterde in den Furchen ausbringen.

4 In regelmäßigem Abstand von 5 cm einzeln einsäen.

5 und **6** Furchen vorsichtig mit Erde bedecken, dazu den Handrechen verwenden, gut andrücken, damit die Samen in Kontakt mit der Erde kommen.

7 Mit der kleinen Brause angießen.

Benötigtes Material
Reifer Kompost oder Anzuchterde

Wissenswert
Man kann die Parzellen gut 14 Tage vor der Aussaat mit Kompost anreichern und mulchen (siehe Seite 79).

Gärtnertipp

Einen humusreichen Boden bereiten

Einige Gemüsearten lieben diesen Boden und manche fordern ihn sogar. Sie sind mit dem Pluszeichen + gekennzeichnet. Wenn eine Parzelle nicht bereits im März vorbereitet werden konnte (siehe Seite 45) oder der Knettest (siehe Seite 52) zeigt, dass Humus fehlt, kann man den Boden 14 Tage vor der Pflanzung mit organischen Stoffen anreichern. Man gräbt dazu Kompost unter, wässert gut und bringt eine dicke Schicht Mulch aus. Gehölzhäckselgut ist dabei empfehlenswert.

Pflege

Ausdünnen

Man erntet in einem ersten Durchgang jede zweite Pflanze, sodass nur noch eine pro 10 cm stehen bleibt.

Gießen und Hacken

Bis zum Auflaufen des Saatguts wird der Boden frisch gehalten, starke Nässe jedoch vermieden. Man gießt mit der Brause. Später gießt man regelmäßig mit dem Strahl zwischen den Reihen, damit der Boden niemals austrocknet. Hacken ist während des Aufkeimens sinnvoll, damit die Bodenoberfläche nicht verkrustet.

Düngen

Dies ist zu Beginn der Pflanzsaison nicht nötig. Für den Anbau ab Herbst/Winter kann aber im Oktober mit Brennnesseljauche gedüngt werden.

Beetbedeckung und Kälteschutz

Im Winter eignet sich gefallenes Laub als Mulch, weil die Blätter des Feldsalats darunter atmen können. Ergänzend dazu kann man ein Mini-Gewächshaus einsetzen, damit die Ernte Frost und Schnee übersteht.

Kleingarten und Balkon

Um einige Handvoll dieses wohlschmeckenden Salates ernten zu können, kann man ihn auch in einen mit hochwertiger Pflanzerde gefüllten Pflanzkübel (20 cm Höhe) einsäen. Sorgfältig gießen.

Ernte und Lagerung

Geerntet wird bei Bedarf. Dazu wird jeder Salatbüschel mit der Schere oder einem scharfen Messer knapp über dem Boden abgeschnitten. Die Winterkulturen erntet man im folgenden Frühling und die Wurzel wird ausgerissen, bevor die Pflanzen zur Blüte kommen.

Feldsalat hält sich gekühlt einige Tage und wird roh als Salat verzehrt.

Gurke

- Botanischer Name: *Cucumis sativus*
- Familie: Kürbisgewächse
- Lebensdauer: einjährig
- Kategorie des Gemüses:

Wahl des Standortes
- Standort:
- Wuchshöhe: 2 m
- Boden: locker und wasserdurchlässig, frisch und humos

Anzahl und Pflanzraster

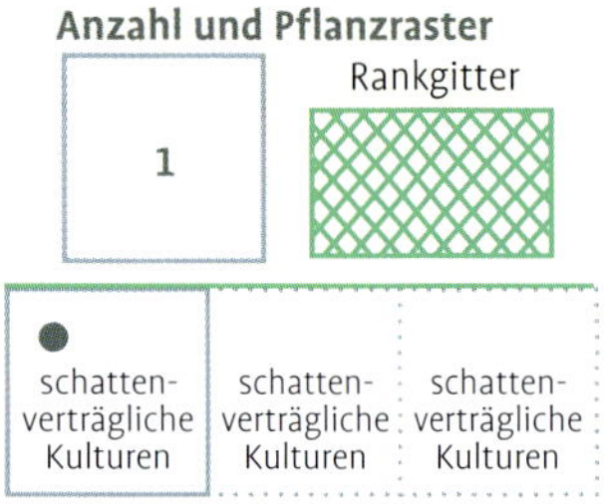

Belegung der Parzelle
4 bis 6 Monate (bei Jungpflanzen)

Fruchtwechsel
3 Jahre

Hier haben wir mit zehn Gurken pro Pflanze oder mehr ein ertragreiches Sommergemüse auf kleinster Anbaufläche. In der Höhe sollte man jedoch ein Rankgitter einplanen, das einen Haupttrieb von bis zu 2 m Länge stützen kann. Die Salatgurke trägt große, lange Früchte, die Einmachgurkensorten hingegen bringen eine große Zahl kleiner Früchte hervor, die man einkocht.

Planung

Gurken sind Sonnenanbeter (siehe Seite 34), weshalb man ihnen zuerst ihren Platz zuweist, zumal man ihnen auch noch das Rankgitter reservieren muss. Die Platzierung dieser Rankhilfe ist sowohl für die Gurken als auch für die anderen Parzellen von Bedeutung (siehe Seite 83).

Egal, ob die Gurken auf einem Quadratbeet im Hintergrund oder in einem länglichen Beet am Rand des Gemüsegartens stehen, darum herum können nur schattenverträgliche Kulturen eingeplant werden.

Aussaat oder Jungpflanze?

Die ersten ein, zwei Pflanzen holt man sich am besten bei einer Öko-Gärtnerei und gewinnt dann Samen für die Aussaat im Folgejahr. Dazu wäscht man die Samen einer reifen Gurke ab und legt sie auf saugfähiges Papier zum Trocknen. Später lässt man die Gurken bei Temperaturen um 15–17 °C einzeln in Anzuchttöpfchen keimen. Gurkenpflanzen mögen es nicht, wenn sie umgepflanzt werden. Ab Mitte Mai setzt man sie ins Freiland, schützt sie aber mit Hauben vor Temperaturen unter 12 °C.

In Maries Gemüsegarten

Am Rand meines Quadratgartens reserviere ich eine Beetfläche von 1,20–1,60 m Länge und 40–50 cm Breite, wo ich im Hintergrund das Rankgitter aufstelle. Im Herbst baue ich es wieder ab. Im Folgejahr pflanze ich an dieser Stelle Kartoffeln und das Rankgitter kommt in ein anderes Rechteck. Ich lege immer vier Rechteckbeete an, damit ich auch darauf mit den Kulturen rotieren kann.

Man nennt die Gurken auch „Renner" und könnte sie sogar auf dem Boden laufen lassen. Doch im Quadratgarten zählt jedes Fleckchen. Da die Gurken viel Sonne und Wärme brauchen, ist vertikaler Anbau die beste Lösung. Wenn sie am Rankgitter der Sonne entgegenwachsen, bleiben die Kulturen darunter im Schatten der großen Gurkenblätter. Mit humosem Boden und einer Mulchschicht entsteht so ein ideales feucht-frisches Milieu für die Schattenfreunde wie Rote Bete oder Blumenkohl.

Kleingarten und Balkon

Die Gurke lässt sich auch prima auf dem Balkon anbauen, sofern sie nur einen Halt für die Ranken findet: Balkongeländer, Rankgitter im Blumenkübel, zur Decke gespannte Schnur.

1
2
3
4
5
6
7
8
9
10
11

Pflanzung

1 Rankgitter platzieren und darauf achten, dass es gut im Boden verankert ist.

2 und **3** Andere Kulturen dürfen vorausgegangen sein. Mit der Grabgabel den Boden lockern, alle Wurzeln und Steine aus den drei Parzellen entfernen.

4 und **5** Reifen Kompost einbringen und untergraben. Pflanzloch in der Größe des Anzuchtballens ausheben und gut wässern.

6 Anzuchttöpfchen gut wässern und die Pflanze vorsichtig austopfen. Darauf achten, dass der zarte Trieb nicht Schaden nimmt.

7 Pflanze schräg mit Neigung zum Rankgitter hin ins Pflanzloch stellen.

8 Bis zur Höhe des ersten Blattpaares mit Erde bedecken, rundum festdrücken und eine Gießmulde ziehen.

9 Angießen.

10 Eine Schicht reifen Kompost auf der Parzelle verteilen.

11 Oberfläche abdecken, dabei die Gießmulde aussparen. Pflanze mit einer Kiste vor Sonnenbrand schützen (siehe „Gärtnertipp" Seite 185).

Benötigtes Material
- Rankgitter
- Reifer Kompost
- Mulch

Rankgitter nutzen

Bei dieser Fotoreihe wird ein Rankgitter gezeigt, das im Hintergrund des Beetes steht. Dahinter liegt ein ausreichend breiter Weg, sodass die anderen Kulturbeete nicht beschattet werden. Davor darf keine Kultur eingeplant werden, die der Gurke die Mittagssonne nimmt, also keinesfalls Tomate, Stangenbohne, Mais, Aubergine, Mangold o. Ä. Die Rankhilfe muss fest im Boden verankert werden, damit sie das Gewicht der Früchte trägt und keinesfalls im Wind schwankt. Zugleich jedoch muss sie wegen der Rotation der Kulturen (Seite 24) variabel zu platzieren sein.

Pflege

Anbinden

Die Ranken winden sich von selbst über ihre Stütze, leider aber nicht immer in der gewünschten Richtung. Als Gärtner verstärkt man die Umschlingungen direkt unterhalb der Blattachseln mit Raffiabast (siehe „Gärtnertipp" Seite 173) und führt die Pflanze dadurch optimal über das Rankgitter. Am besten greift man regelmäßig ein, denn die Gurken mögen es nicht, wenn man sie in eine andere Richtung zwingt.

Schnitt

Einmachgurken werden nicht zurückgeschnitten. Bei der Salatgurke ist es unter Gärtnern üblich, den Haupttrieb oberhalb des zweiten Blattpaares zu kappen, dann die daraus entstandenen neuen Triebe oberhalb des vierten Blattes und schließlich jede neue Ranke oberhalb der Frucht. Aber man kann der Gurke auch ungezügelt freien Lauf lassen.

Im September jedoch muss man dem Wachstum Einhalt gebieten, damit auch die letzten Früchte noch reifen. Alle neuen Triebe werden dann abgeschnitten.

Anbinden der Gurke am Rankgitter.

Oben: Gurken sind ursprünglich einhäusig, besitzen also männliche und weibliche Blüten auf einer Pflanze. Sie ähneln denen von Zucchini, die zur selben Pflanzenfamilie gehören, und brauchen Insekten als Bestäuber. Die Gewächshausgurken tragen weibliche Blüten, müssen nicht bestäubt werden und sind kernlos.

Unten: Es gibt zahlreiche Salatgurken-Sorten: grüne, gelbe, weiße, gerippte oder glatte.

Mulchen und Wässern

Beides hält den Boden frisch, was sehr wichtig ist, denn Gurken vertragen keinerlei Trockenheit, bei Wassermangel stellen sie das Wachstum ein, die Blätter kräuseln sich und vertrocknen.

Alle Sorten von Bodenbedeckungen, auch Gehölzhäcksel sind geeignet. Scheuen Sie sich nicht, eine dicke Schicht von bis zu 10 cm Stärke auszubringen. Wässern Sie außerdem genügend (mit dem Strahl), aber immer so, dass die Blätter nicht benetzt werden.

Düngen

Die Pflanzung erfolgt im Juni in einen Boden, der zum Frühlingsanfang gut gedüngt wurde. Daher ist kein weiterer Düngereintrag nötig. Blattdüngung mit Schachtelhalmabsud oder Algenpulver (*Lithothamnium*) sind besonders zur Vorbeugung und Behandlung von Mehltau zwingend nötig (siehe Seite 85).

Ernte und Lagerung

Salatgurken erntet man, wenn die Frucht einen Durchmesser von etwa 5 cm und eine Länge von 20–30 cm hat. Danach bildet sie zu viele Kerne. Man kann Gurken nur wenige Tage kühl lagern. Sie werden ohne Schale roh oder gegart verzehrt. Einmachgurken werden in einer Größe von 5–6 cm geerntet und mit Essig konserviert. Man kann sie aber auch wachsen lassen und als Gemüse in Salaten verzehren. Sie schmeckt feiner als die Salatgurke.

Gärtnertipp

Stärkung und Behandlung der Pflanzen auf natürliche Art

Ein Gemüsegarten im Quadrat bietet vielerlei Möglichkeiten, die Kulturen zu schützen: Durchmischung der Pflanzenfamilien, Fruchtwechsel, Erhalt der Bodenqualität. Die Artenvielfalt wird gewahrt, damit sich von selbst ein Gleichgewicht einstellt. Trotzdem ist auch dieser Garten nicht gegen Schadinsekten oder Pflanzenkrankheiten gefeit. Letztere können durch Pilzinfektionen entstehen oder durch Bakterien sowie Viren. Man könnte ihren Beschreibungen ein ganzes Buch widmen, daher sei an dieser Stelle auf die entsprechende Fachliteratur verwiesen.
Dem Gärtner bieten sich zwei Möglichkeiten: vorbeugen oder handeln, wenn ein Problem auftritt. In beiden Fällen greift man zu natürlichen Mitteln, die der Fauna im Gemüsegarten nicht schaden. Man gießt damit oder versprüht sie, sei es auf den Boden oder direkt auf die Blätter.

Vorbeugung:
Behandlung der Blätter. Sie soll die Pflanzen widerstandskräftiger machen, damit sie selbst mit der Bedrohung fertigwerden.
Vermeidung von Pilzbefall. Der Entwicklung tödlicher Pilzinfektionen wird vorgebeugt.
Insektenabwehr. Unerwünschte Insekten werden vertrieben.

Behandlung:
Pilzvernichtungsmittel. Sie haben zum Ziel, die Ausbreitung vorhandener Pilzerkrankungen einzudämmen.
Insektizide. Sie zielen darauf ab, unerwünschte, die Kulturen bedrohende Insekten zu vernichten.

Oben: Unter den Blattbehandlungsmitteln sind fein gemahlene Meeresalgen (*Lithothamnium*) reich an Spurenelementen.

Rechts: Fein zerstäubte Mittel bringt man früh am Morgen oder am Abend aus, damit sie sich mit dem Tau verbinden. Das Blattwerk muss nur leicht feucht sein.

Karotte

Am feinsten schmecken diejenigen Karotten, die auf dem passenden Boden gewachsen sind: sandig bis lösshaltig, jedoch keinesfalls lehmig. Je nach Substrat und Bodenaufbereitung sollten Sie also ihre Parzelle auswählen. Bei geeignetem Boden können Sie ohne großen Aufwand 15 bis 20 Karotten pro Parzelle als knackiges Gemüse ernten.

- Botanischer Name: *Daucus carota*
- Familie: Doldenblütler
- Lebensdauer: zweijährig; jedoch einjährig angebaut
- Kategorie des Gemüses:

Wahl des Standortes
- Standort:
- Wuchshöhe: 30–40 cm
- Boden: nährstoffreich und locker, sandig oder lösshaltig

Anzahl und Pflanzraster

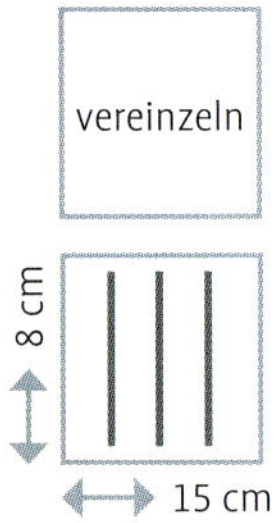

Belegung der Parzelle
6 bis 8 Monate (bei Aussaat)

Fruchtwechsel
4 Jahre

Zeit zur …	Winter			Frühling			Sommer			Herbst		
	J	F	M	A	M	J	J	A	S	O	N	D
Geschützte Aussaat im Freiland		●	●	●								
Aussaat im Freiland					●	●	●					
Ernte						●	●	●	●	●	●	

Planung

Karotten gedeihen in der Nachbarschaft der meisten anderen Gemüse, Ausnahmen sind Kohl und Staudensellerie (wegen der dichten Blätter) sowie Speiserüben, Kohlrabi und schwarzer Rettich (weil die von denselben Schädlingen befallen werden).

Weisen Sie der Karotte erst den Standort zu, wenn die Arten Platz gefunden haben, die volle Sonne und Wärme brauchen. Karotten vertragen tagsüber leichten Schatten.

Da Karotten keine humosen Böden mögen, wäre es gut, wenn Sie sie in einer Mehrjahresplanung erfassen, damit in die zugedachten Parzellen kein Kompost eingebracht wird.

Der Karottenanbau steht wahrscheinlich nicht unbedingt an erster Stelle. Wenn Sie aber Karotten ernten und einen kleinen Wintervorrat anlegen möchten, sollten Sie die erforderlichen Parzellen so früh wie möglich einplanen.

Aussaat oder Jungpflanze?

Karotten vertragen das Umsetzen nicht, daher ist Aussaat im Freiland an Ort und Stelle die einzige Option. Die Samen sind klein, es gibt jedoch Saatbänder (Seite 168), auf denen sie mit ausreichendem Abstand verteilt stehen.

Ernte staffeln

Dazu benötigt man unterschiedliches Saatgut: Es gibt sogenannte frühe Karottensorten (Ernte ab Juni) mit Aussaat im Februar und März unter Schutzhauben. Die Herbst-Winter-Sorten werden im Frühling gesät. Sie werden ebenfalls unter Folie gezogen, nicht wegen der Kälte, sondern als Schutz vor dem Gelege der Möhrenfliege (zwischen April und Oktober).

Kleingarten und Balkon

Es gibt kurze, dicke Sorten für den Pflanzkübel, z. B. die Sorten 'Ochsenherzen' ('Guerande') oder 'Adelaide'. Dabei geht es weniger um riesige Ernten, als vielmehr um den Spaß.

Schwere lehmige Böden

Man kann es mit kurzen Karottensorten probieren, die an diesen Boden besser angepasst sind.

In Maries Gemüsegarten

Nachdem ich die Samen mit Erde bedeckt habe, verteile ich auf jeder Rille Kaffeesatz. Dieser Gärtnertrick vertreibt die Möhrenfliege, die ihre Eier im Boden ablegt und deren Larven später Gänge in die Karotten bohren, um sich davon zu ernähren. Das mache ich so lange, bis ich die Pflanzen vereinzele.
Das Vereinzeln lege ich wegen der Möhrenfliege auf die Abendstunden und ich achte darauf, die entstandenen Löcher wieder zu schließen, weil der Schädling diese Art Höhlen besonders gerne zur Eiablage nutzt.

Aussaat

1 Für die tief hineinwachsenden Wurzeln den Boden mit der Grabgabel gut auflockern und belüften. Steine herauslesen.

2 und 3 Saatschildchen im Abstand von 15 cm stecken und Rillen von 1 cm Tiefe ziehen.

4 Eine feine Schicht Anzuchterde in die Rillen einstreuen. Da der Boden nicht aufgedüngt ist, sorgt diese Vorbereitung für günstigere Keimbedingungen.

5 Möglichst regelmäßig im Abstand von 8 cm je zwei oder drei Samenkörnchen ausbringen.

6 Die Rillen mit Erde verschließen, diese fein zerbröckeln und dann eine Schicht Anzuchterde darüber verteilen.

7 und 8 Mit dem Rechen fest andrücken und mit der feinen Brause bewässern.

Benötigtes Material
– Etwas Anzuchterde

Merkzettel
Karotten vertragen keinen frischen Mist oder ein Stickstoffüberangebot. Am besten verbessert man den Boden in den für Karotten vorgesehenen Parzellen nicht.

Pflege

Vereinzeln

Sobald die Jungpflanzen etwa 10 cm hoch sind, ziehen Sie die schwächsten heraus, sodass pro Pflanzstelle alle 8 cm nur eine Karottenpflanze stehen bleibt.

Hacken und Jäten

Dies erfolgt so oft wie nötig, damit der Boden durchlässig bleibt und unerwünschte Kräuter keine Zeit haben, zum Schaden der Karotten Wurzeln zu bilden.

Gießen

Bis zum Keimen der Saat, was relativ lange dauert, wird der Boden feucht gehalten. Danach verringert man die Bewässerung, weil Karotten nicht viel Wasser brauchen. Einmal wöchentlich wäre eine gute Ausgangsbasis. Mit zunehmendem Wachstum der Pflanze sollte dann mehr gegossen werden, damit die Wurzel ringsum befeuchtet wird und das Wasser tiefer in den Boden eindringt. Bei Trockenheit kann man zweimal gießen, denn bei starkem Wassermangel werden die Wurzeln hohl und hart.

Düngen

Im Juli/August kann ein kaliumreicher Dünger ausgebracht werden sowie eine Blattdüngung mit *Lithothamnium* (siehe Seite 85).

Ernte und Lagerung

Die ernte erfolgt je nach Sorte 4 bis 6 Monate nach der Aussaat.

Man wässert die Parzelle kräftig und zieht die Karotten am Grünkraut heraus. Danach lässt man sie zum Abtrocknen ruhen (siehe Seite 95 unten). Um sie für den Winter einzulagern, wird die Erde entfernt, ohne die Schale zu verletzen, am besten mit einer weichen Bürste. Schließlich werden die Karotten an einer trockenen, kühlen und frostgeschützten Stelle in Sand gelegt.

Die Wurzeln dieses Gemüses können geschält, im Falle der jungen Karotten mit feiner Schale auch ungeschält, und roh oder gegart verzehrt werden. Das Grün kocht man in Gemüsesuppen mit.

Meine Planungsidee

Eine Parzelle 1 Woche vor der Saat abräumen und kaliumreiche Holzasche in den Boden einarbeiten.

Von einem Schatten in den anderen
Ein Gemüsegarten im Quadrat nutzt Licht, aber auch Schatten, den die Pflanzen einander spenden. So kann auch ein Blumenkohl seinen Platz finden. Im Laufe des Tages spendet ihm jede der umstehenden Gemüsepflanzen einmal Schatten.

Knoblauch, Zwiebel und Schalotte

- Botanischer Name:
  Knoblauch: *Allium sativum*
  Schalotte: *Allium ascalonicum*
  Zwiebel: *Allium cepa*
- Familie: Lauchgewächse
- Lebensdauer:
  Knoblauch und Schalotte: mehrjährig; jedoch einjährig angebaut
  Zwiebel: zweijährig; jedoch einjährig angebaut
- Kategorie des Gemüses:

Wahl des Standortes

- Standort:
  Knoblauch und Zwiebel:
  Schalotte:
- Wuchshöhe:
  Knoblauch: 40–60 cm
  Schalotte: 20–30 cm
  Zwiebel: 30–40 cm
- Boden: leicht und locker
  tief und trocken

Anzahl und Pflanzraster

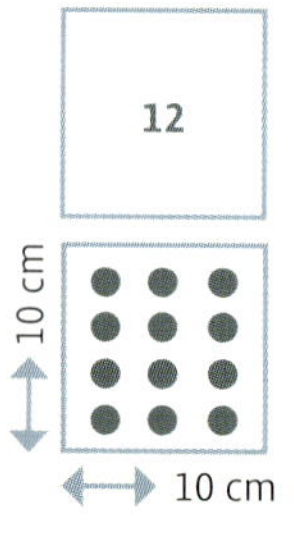

Belegung der Parzelle
4 bis 9 Monate

Fruchtwechsel
3 Jahre (auch für Pflanzen derselben Familie)

Schluss mit den Zwiebeln in einer Reihe! Hier kommen drei Kulturen, die in keinem Gemüsegarten fehlen sollten. Sie werden hier mit soviel Abstand gepflanzt, dass die Pflanzen ausreichend Platz für einen ertragreichen Wuchs haben. Auf vier Parzellen wächst dann ein Ertrag von gut 50 Zwiebeln oder Knoblauchzehen zusammen mit etwa 200 Schalotten. Die drei Gemüsearten sind anspruchslos, zehren wenig am Substrat und lassen sich schon im Herbst und Winter ausbringen, wenn die anderen Parzellen noch leer bleiben.

Zeit zur ...	Winter			Frühling			Sommer			Herbst		
	J	F	M	A	M	J	J	A	S	O	N	D
Pflanzung		●	●	●	●				●	●	●	
Ernte				●	●	●	●	●	●			

Planung

Wichtigstes Kriterium ist die Beschaffenheit des Bodens. Er darf nicht schwer oder feucht sein. Zu Beginn der Saison reserviert man für den Anbau Parzellen, die nicht aufgedüngt wurden, oder man wählt am Ende der Saison Quadrate, von denen schon mehrere Kulturen abgeerntet wurden.

Bei der Standortwahl ist zu beachten, dass Knoblauch unabhängig von der Jahreszeit viel Sonne benötigt, Zwiebeln im Sommer etwas Schatten von den benachbarten Parzellen vertragen und Schalotten dagegen Schatten tolerieren.

Im Herbst jedoch brauchen alle drei Arten die während des ganzen Tages sonnigsten und wärmsten Standorte, weil sie nicht gerne in Staunässe stehen.

Aussaat oder Jungpflanze?

Von den kleinen weißen Zwiebeln abgesehen, die schon nach 2 bis 3 Monaten erntereif sind, beschaffen Sie sich am besten Steckzwiebeln. Die Sorten wählen Sie nach Pflanzzeit und nach Lagerfähigkeit aus (je nach der geplanten Verarbeitung). Die im Frühling gepflanzten Sorten werden im Sommer geerntet, die aus der Pflanzung im Herbst/Winter im folgenden Frühling.

Meine Planungsidee

Im Frühling lege ich gleichzeitig eine Parzelle mit Zwiebeln und eine mit Karotten nebeneinander an. Für beide muss der Boden nicht besonders vorbereitet werden und ihr Geruch hält gegenseitig Schädlinge fern.
Nach dem herbstlichen Aufräumen im Oktober folgen Knoblauch, Zwiebeln und Schalotten auf den Parzellen der „Sonnenanbeter".

Eine Knoblauchknolle **1** setzt sich aus einigen Zehen zusammen, die ausgepflanzt werden. Je nach Art ist Knoblauch weiß oder rosa und nur die Sorten mit fester Blattrosette bilden Blütenstängel und Brutzwiebeln aus. Letztere kann man ausbringen, doch der Wachstumszyklus dauert länger. Schlangen-Lauch (*Allium scorodoprasum*) ist an feuchte Böden angepasst.

Eine Steckzwiebel einer Schalotte **2** wird mehrere Schalotten hervorbringen. Es gibt zahlreiche Varietäten, die sich in Form, Farbe und Größe unterscheiden. Die grauen Schalotten wachsen als Winterkultur.

Auch die Zwiebeln werden in Form von Steckzwiebeln **3** ausgebracht. Ihre farbigen Sorten können gelb, rot oder rosa sein, mehr oder weniger rund, groß oder auch scharf im Geschmack.

Pflanzung

1, **2** und **3** Wichtig ist die Bodenbearbeitung in der Tiefe zur guten Entwässerung. Mit der Grabgabel den Boden gut auflockern und ebnen, sodass das Wasser gleichmäßig eindringen kann.

4 Knoblauch: Die Knolle in Zehen aufteilen und mit Hilfe eines Pflanzholzes einzeln in den Boden stecken. Die spitz zulaufende Seite der Zehe zeigt dabei nach oben.

4 Schalotte: Die Steckzwiebeln mit der gerundeten Seite nach unten in den Boden stecken, nachdem mit dem Pflanzholz ein Loch gebohrt wurde.

4 Zwiebel: Von Hand die Zwiebel, das dünne Ende nach oben, in die Erde drücken.

5 Für alle drei gilt: Die Unterseiten der Zwiebeln bzw. Zehen sollten gut im Substrat stecken und die Erde muss rundum bis zur Spitze der Zwiebeln gut angedrückt werden.

Wichtiger Hinweis
Keinen frischen Dünger verwenden.

Pflege

Oben: Blätter dieser Gemüsearten hängen stark herunter, sobald sie erntereif sind. Sollte das störend für die benachbarten Parzellen sein, knotet man sie einfach zusammen.

Hacken und Jäten

Ersteres ist zwingend notwendig, damit der Boden nicht verkrustet (Seite 181) und durchlässig bleibt. So kann das Regenwasser gut eindringen und abfließen, denn Fäulnis tritt bei diesen Kulturen ganz schnell auf, wenn der Boden zu feucht ist. Unerwünschte Kräuter werden entfernt, damit das Gemüse sich in der Erde ungestört von Unkrautwurzeln entwickeln kann und die Parzellen nicht zu viel Feuchtigkeit binden. Außerdem könnten Zwiebeln von den Unkräutern aus der Erde gehoben werden.

Gießen und Düngen

Im Frühling gießt man sparsam bis zur Keimung. Danach werden die Zeitabstände noch vergrößert und schließlich das Gießen ganz eingestellt, da der Regen für diese genügsamen Gemüsearten gewöhnlich ausreicht. Wenn die Blätter jedoch Spuren von Vertrocknung zeigen und das Wachstum stoppt, handelt es sich um Zeichen von Wassermangel. Die drei Kulturen zehren wenig und brauchen auch keinen Dünger, geschweige denn stickstoffhaltiges Substrat. Nur die im Freiland überwinterten Kulturen werden Anfang März mit einer geringen Menge eines ausgewogenen Düngergemischs angetrieben.

Kälteschutz

Während sehr kalter Winter mit starkem Dauerfrost sollte man die Parzellen mit einer Haube abdecken.

Ernte und Lagerung

Das Grün von Schalotten und Zwiebeln können Sie ernten und wie Schnittlauch in der Küche verwenden.

Die Ernte der Knoblauchknollen, Schalotten und Zwiebeln erfolgt, wenn die Blätter völlig vertrocknet sind. Ziehen Sie sie vorsichtig heraus. Bei den Schalotten können Sie eine kleine Handschippe verwenden.

Das Gemüse wird trocken und kühl mit guter Belüftung gelagert, am besten in einer Obstkiste, einem Metallgitterkorb oder herabhängend. Knoblauch kann man an den Stängeln zu Zöpfen zusammenbinden. Die kleinen Silberzwiebeln verzehrt man frisch oder macht sie in Essig ein.

Ernte trocknen lassen

Auf einer umgedrehten Obstkiste wird die Ernte zum Abtrocknen ausgelegt. Dabei lässt man das Gemüse an einem sonnigen Tag trocknen, bevor man die Erde abschüttelt und es einlagert.

Kohlrabi

Hinter dieser witzigen Gestalt, die einem über dem Boden hängenden kleinen Satelliten ähnelt, versteckt sich eine alte Gemüsepflanze mit feinem Geschmack. Sie eignet sich perfekt zum Anbau im Quadrat, solange das Substrat humushaltig ist und solange um den skurrilen Trieb Erde angehäufelt wird. Der Kohlrabi ist zudem interessant, weil er bis in den Herbst geerntet wird.

- Botanischer Name: *Brassica oleracea* var. *gongylodes*
- Familie: Kreuzblütler
- Lebensdauer: zweijährig; jedoch einjährig angebaut
- Kategorie des Gemüses:

Wahl des Standortes

- Standort:
- Wuchshöhe: 20–40 cm
- Boden: fruchtbar, locker und leicht, frisch und humos

Anzahl und Pflanzraster

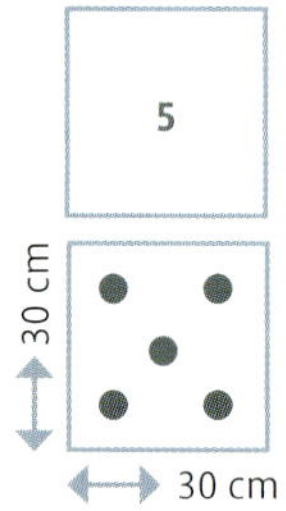

Belegung der Parzelle

2 bis 4 Monate (bei Jungpflanzen)

Fruchtwechsel

3 Jahre (auch für Pflanzen derselben Familie)

Planung

Bei Kohlrabi muss man nicht lange nachdenken, weil er die Kulturen in benachbarten Parzellen nicht stört.

Bis Ende Mai wäre eine sonnige Parzelle zu bevorzugen, im Sommer empfiehlt sich der Hitze wegen etwas mehr Schatten.

Meine Planungsidee

Dieser „Außerirdische“ liebt humushaltige Erde, die aber frisch sein sollte. Beim geringsten Wassermangel wächst die Pflanze zum Himmel und knickt. Die Vorbereitung des Bodens ist daher sehr wichtig, ebenso das Auspflanzen der Anzuchtballen (siehe Seite 113). Der Boden wird nötigenfalls 1 Woche vor der Pflanzung mit reifem Kompost und Mulch vorbereitet (siehe Seite 79)

Aussaat oder Jungpflanze?

Kohlrabi zählt mittlerweile zum üblichen Bestand und Pflänzchen sind im Fachhandel zu finden. Das Treiben aus Samen ist aber einfach, anfangs im Frühbeet, weil der Kohlrabi eine konstante Temperatur von 10 °C zum Keimen benötigt, nach den Eisheiligen unter Folie. Umgepflanzt wird, sobald die Setzlinge zwei oder vier Blätter haben (die allerersten, also die Keimblätter nicht mitgerechnet). Es gibt weiße oder grüne Sorten, die im Frühling oder Sommer geerntet werden. Die lilafarbenen, robusteren eignen sich für den Herbst.

Pflanzung

1 Die Parzelle mit der Grabgabel gut lockern.

2 und **3** Struktur des Bodens prüfen, bei Bedarf reifen Kompost unter die Erde mischen. Einebnen.

4 Jeden Setzling austopfen und den Wurzelballen wässern.

5 Gemäß Pflanzraster die Pflanzlöcher etwas tiefer als Ballengröße ausheben.

6 Erde um den Trieb bis zum untersten Blattpaar zusammenschieben und Ballen rundum gut festdrücken.

7 und **8** Angießen und um die Jungpflanzen herum mulchen. Die Bedeckung wird am Anfang ausgebracht, um das Substrat frisch zu halten. Sie wird entfernt, sobald die jungen Kohlrabi angehäufelt werden.

Benötigtes Material
- Reifer Kompost
- Mulch

Merkzettel
Keinen frischen Mist verwenden.

Pflege

Hacken und Gießen

Das Wässern mit dem Strahl ist ein Muss, um den Boden frisch zu halten, besonders bei sommerlicher Hitze und Trockenheit. Ohne Gießen stagniert das Wachstum, die Kohlrabiknolle wird rissig und fasrig, ist nicht mehr genießbar. Das Hacken sollte dem Gießen vorausgehen, damit der Boden das Wasser aufnimmt.

Anhäufeln

Im Zuge des Wachstums wird die Erde regelmäßig unterhalb des sich verdickenden Triebes angehäufelt, damit er größer wird. Am Fuß dieses Erdhäufchens muss die Gießmulde erhalten werden, um das Wasser aufzunehmen, sonst zerfließen die Häufchen.

Düngung

Die Pflanzungen im Frühling profitieren von der Düngung zu Beginn der Pflanzsaison. Lediglich 3 bis 4 Wochen nach der Pflanzung empfiehlt sich das Gießen mit Brennnesseljauche. Die im August und September gesetzten Sorten sollten 1 Woche nach dem Auspflanzen eine Handvoll ausgewogenen Dünger auf ihrer Parzelle erhalten.

Mulch

Davon ist wegen des wiederholten Hackens und Anhäufelns abzuraten. Eine dünne Schicht Beinwellblätter, die man rasch zur Seite schieben kann, hilft jedoch bei extremer Sommerhitze.

Ernte und Lagerung

Kohlrabi wird geerntet, sobald die Knolle die Größe einer Orange erreicht hat. Die letzten Exemplare müssen Sie vor dem ersten Frost hereinholen (denn den verträgt die Knolle nicht). Schneiden Sie die Wurzel ab und entfernen Sie Blätter und Triebe.

Das Gemüse lässt sich für den Winter gut einlagern, indem es an einer trockenen, kühlen und lichtgeschützten Stelle auf Sand gebettet wird. Die geschälte Knolle lässt sich gerieben als Salat verzehren. Man kann sie, wie die köstlichen jungen Blättchen, auch garen.

Kopfkohl

Rotkohl ist eine Kohl-Varietät, ebenso wie Weißkraut (grüner Kopf mit glatten Blättern) oder Wirsing (dunkelgrün mit blasigen Blättern). Sein Anbau im Beetquadrat dient entweder der Ernte für den Wintervorrat oder, bei geschickter Verteilung, der ganzjährigen Ernte von Kohl im Gemüsegarten.

Zeit zur …	Winter			Frühling			Sommer			Herbst		
	J	F	M	A	M	J	J	A	S	O	N	D
Geschützte Aussaat		x	x	x	x	(x)		(x)	x			
Pflanzung			x	x	x	x	x	x	x	x		
Ernte	x	x	x	x	x	x	x	x	x	x	x	x

Planung

Kopfkohl darf nicht in einer Mittelparzelle stehen, weil er sehr ausgreifend wächst.

Für ihn sollte eine Eckparzelle vorgesehen werden. Im Extremfall pflanzt man den Kohl im Sommer, wenn der Gemüsegarten dicht bestellt ist, an die Umrandung. Doch muss man darauf achten, dass er mit seinen Blättern die benachbarten Gemüsepflanzen nicht niederdrückt.

Es macht dem Kohl nichts aus, wenn er im Schatten anderer Gemüsearten, wie z. B. Stangenbohnen, Mais oder Tomaten, steht.

Kopfkohl eignet sich nicht zur gestaffelten Pflanzung, weil er zu viel Platz einnimmt.

- Botanischer Name: *Brassica oleracea* var. *capitata*
- Familie: Kreuzblütler
- Lebensdauer: zwei- oder einjährig, je nach Sorte
- Kategorie des Gemüses:

Wahl des Standortes

- Standort:
- Wuchshöhe: 20–40 cm
- Boden: locker und wasserdurchlässig, frisch und humos

Anzahl und Pflanzraster

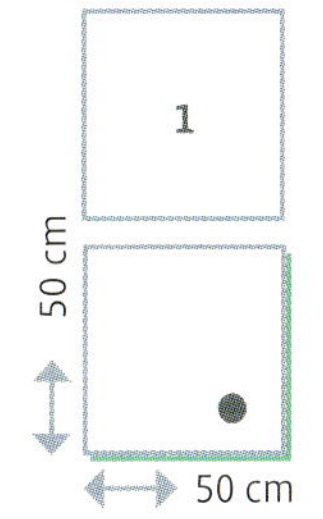

Belegung der Parzelle

4 bis 5 Monate (bei Jungpflanzen)

Fruchtwechsel

4 Jahre (auch für Pflanzen derselben Familie)

Aussaat oder Jungpflanze?

Die Sorten, die im Sommer und Herbst geerntet werden, sät man im Februar/März, den Winterkohl von März bis Juni und den für das folgende Frühjahr ab Mitte August. Man benötigt dazu je ein Päckchen Saatgut aller Sorten, die man selbst säen möchte. Das ist zwar möglich, doch einfacher ist es, wenn man sich die für die Jahreszeit richtigen Jungpflanzen kauft und den Anbau so staffelt.

Meine Planungsidee

Im Frühling wähle ich Parzellennachbarn aus, die im gleichen Zeitraum wachsen, aber schon geerntet werden, bevor der Kohl sie plattdrücken kann.
Im Sommer setze ich den Kohl neben Kulturen, die bereits gut gewachsen und erntereif sind, bevor der Kohl sich auf deren Parzellen ausbreitet.

So pflanzt man Kohl

Wie baut man ein Gemüse wie den Kohl, der Abstände von einem halben Meter braucht, auf einer Parzelle von 40 × 40 cm an? Mithilfe der Wege! Man setzt den Kohl direkt an die Kante seiner Parzelle und häufelt schräg an. Lediglich Rosenkohl und Grünkohl sind zu ausladend, als dass man sie in Quadraten anbauen könnte.

Pflanzung

1 Parzelle zur Belüftung des Bodens umgraben und sicherstellen, dass das Wasser gut einsickert. Später wird der Boden monatelang von Häckselgut bedeckt sein.

2 Pflanzloch am Rand oder in einer Ecke der Parzelle ausheben und Pflanze mit gut gewässertem Ballen einsetzen.

3 Erde um die Pflanze wieder zusammenschieben und dabei schief nach außen fixieren.

4 Gut festdrücken, damit die Pflanze mit dem Substrat in Kontakt kommt, und eine kleine Gießmulde darum anlegen.

5 Reichlich gießen.

6 Die Parzelle mit Holzhäcksel bedecken, aber die Mulde freilassen.

Benötigtes Material
– Gehölzhäckselgut

Gärtnertipp

Andrücken oder rundum festdrücken

Den erstgenannten Handgriff setzt man beim Säen ein. Dabei wird die Erde über der Saatgut-Rille oder den Mulden mit der Rückseite des Rechens oder der Hand angedrückt. Der zweite wird beim Pflanzen verwendet: Mit den Fingern drückt man die Erde rund um die Jungpflanze ordentlich fest. Beide Handgriffe dienen dazu, dass Samen oder Wurzeln richtig mit dem Substrat in Kontakt kommen. Nur so keimen oder wurzeln sie gut.

Pflege

Mulch
Holzhäckselgut ist perfekt, am besten als 4 cm starke Schicht (siehe Kasten Gärtnertipp auf Seite 59).

Gießen
Der Boden muss frisch bleiben. Kohl benötigt keine Unmengen von Wasser, darf aber bei trockener Witterung nicht vergessen werden. Wassermangel schwächt ihn und das Wachstum stoppt.

Schräg anhäufeln und Grenzüberschreitung
Wie bei allen Kohlarten bringt man die Jungpflanzen dazu, Richtung Beetkante zu wachsen, solange die Triebe noch jung und biegsam sind. Später verholzt der Kohl und man kann ihn nicht mehr dressieren.

Die großen Blätter ragen in die benachbarten Parzellen und daher werden sie entweder mithilfe von Pflanzstäben zurückgebunden oder mit der Gartenschere abgeschnitten, sobald die Pflanzen genügend Blätter ausgebildet hat.

Düngung
Im Frühling benötigen die ersten Kohlpflanzen keine weitere Düngung als die bei der Vorbereitung der Parzelle eingebrachte. Die Pflanzungen im Sommer, denen schon Kulturen vorausgegangen sind, sollten einen ausgewogenen, langsam verfügbaren Dünger erhalten.

Das Versprühen von Schachtelhalmabsud empfiehlt sich in vierzehntägigem Rhythmus (siehe Seite 110).

Kälteschutz
Für den Kohl, der im Freiland überwintert, wird eine 10 cm dicke Mulchschicht um die Pflanzen und auf der Parzelle verteilt. Drei Materialien können dabei schichtweise kombiniert werden: trockenes Laub, Rasenschnittgut und Holzhäcksel.

Ernte und Lagerung

Die Köpfe aller Kohlarten sind erntereif, sobald sie die Größe eines kleinen Balls erreicht haben. Der Haupttrieb wird dann mit dem Messer abgeschnitten und die äußeren Blätter entfernt. Rotkohl erntet man bis zu den ersten winterlichen Frösten. Weißkraut, Blaukraut und Wirsing können durch die Kälteperiode hindurch im Freiland bleiben und bis März des Folgejahres geerntet werden.

Alle Köpfe lassen sich nach der Ernte einige Tage frisch lagern. Man verzehrt sie nach vielfältigen Rezepten in gegarter Form. Fein gehobeltes Weiß- und Rotkraut kann man auch roh als Salat essen.

Lauch

Bei der Selbstversorgung aus dem Garten darf dieses Gemüse nicht fehlen, zumal man 12 Monate ernten kann, wenn man zweimal pro Jahr anpflanzt: das erste Mal im Frühjahr die frühen Sorten, die man im Sommer und Herbst erntet, und das zweite Mal im Herbst die späten Sorten für den Winter und das Frühjahr des nächsten Jahres. Pro Parzelle werden zwölf Lauchstangen gesetzt.

– Botanischer Name: *Allium porrum*
– Familie: Lauchgewächse
– Lebensdauer: zweijährig; jedoch einjährig angebaut
– Gemüsekategorie:

Wahl des Standortes
– Lage:
– Wuchshöhe: 60 cm
– Boden: locker und tief
frisch und humusreich

Anzahl und Pflanzraster

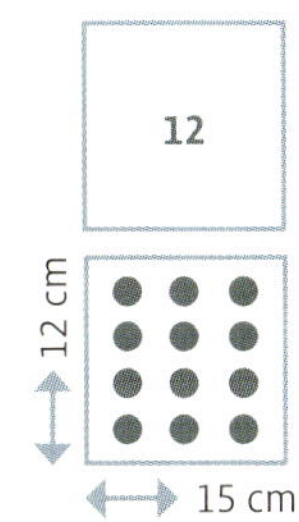

Belegung der Parzelle
5 bis 8 Monate (bei Jungpflanzen)

Fruchtwechsel
4 Jahre

Zeit zur …	Winter			Frühling			Sommer			Herbst		
	J	F	M	A	M	J	J	A	S	O	N	D
Aussaat drinnen, dann im Frühbeet		x	x	x				x	x			
Pflanzung				x	x	x	x			x	x	
Ernte	x	x	x	x	x	x	x	x	x	x	x	x

Planung

Der Lauch kann einfach für die Parzellen vorgesehen werden, die im Schatten liegen oder später durch andere Kulturen beschattet werden, was ihm gut bekommt.

Schwierig ist nur, dass er zur botanischen Familie von Knoblauch, Schalotten und Zwiebeln gehört, die zur gleichen Zeit wachsen. Deshalb sollte man an die Prinzipien für gute Kombinationen denken (siehe Seite 27) und sie so weit wie möglich trennen.

Aussaat oder Jungpflanze?

Junge Lauchpflanzen sind vom Frühjahr bis zum Spätsommer in den der Saison entsprechenden Sorten, gewöhnlich in Bünden zu 50 Stück (also für vier Parzellen) erhältlich, wobei man auch einen Bund beim Gärtner teilen lassen kann, was am einfachsten ist. Eine Aussaat ist nicht besonders kompliziert, braucht aber Geduld, da das Keimen etwas lange dauert (mindestens 2 Wochen bis die Saat keimt, 2½ Monate bis zum Pikieren).

Meine Planungsidee

Der Lauch löst die Bohnen oder später die Erbsen ab und profitiert von deren Stickstoffbindung im Boden. Gerne steht er neben Karotten: Die beiden schützen sich gegenseitig, da die Geruchsstoffe des einen die Parasiten des anderen fernhalten (Möhrenfliege und minierende Raupen der Lauchmotte).

Gärtnertipp

Kulturen anhäufeln

Beim Anhäufeln schiebt man Erde unten an der Pflanze zu einem Erdhügel zusammen, damit die Pflanze stehen (Bohnen, Zuckermais) oder weiß bleibt (Lauch). In einem Reihengarten kann man die Erde von den Wegen dazu benutzen, aber im Quadratgarten ist die Beschaffung nicht so einfach. Bei der Aussaat oder Pflanzung kann man Erde für diesen Zweck ansammeln, indem man die Löcher oder Furchen einfach 5 cm tiefer als gewöhnlich gräbt.

Kleingarten und Balkon

Mehrere Experimente in Hochbeeten haben gezeigt, dass Lauch gut in Mutterboden gedeiht, jedoch nicht in Humus.

Pflanzung

1 Die Parzelle im Frühjahr hacken. Im August/September sollte man eine Grabgabel nehmen, da die Parzelle bereits eine oder mehrere Kulturen aufgenommen hatte und der Boden tief aufgelockert werden muss.

2 Unkraut und Steine entfernen, da die Erde zum Anhäufeln gebraucht wird und deshalb ganz sauber sein sollte. Bei dieser Gelegenheit kann man die Bodenstruktur prüfen und ggf. reifen Kompost einbringen – was für Winterlauch nötig sein dürfte.

3 Für das Anhäufeln drei 10 cm tiefe Furchen im Abstand von 15 cm graben (siehe Gärtnertipp gegenüber).

4 Mit dem Pflanzholz in jede Furche vier Löcher im Abstand von je 12 cm graben. Zuvor kann man die Erde anfeuchten, damit die Löcher nicht einstürzen.

5 und **6** Die grünen Blätter der jungen Lauchpflanzen auf die Hälfte der Länge zurückschneiden, ebenso die Wurzeln auf die Hälfte einkürzen.

7 Vorsichtig einen Lauch in jedes Loch pflanzen, ohne die Wurzeln abzureißen. Ist die Erde eingestürzt, das Loch mit dem Pflanzholz wiederherstellen. Die Erde um jede Pflanze herum festdrücken.

8 Zwischen den drei Reihen Erdhügel lassen. Jede Furche mit dem Wasserstrahl gießen.

Hinweis
Keinen frischen Mist verwenden.

Pflege

Anhäufeln und Schneiden
Die zwischen den Furchen belassene Erde nach und nach unten an die Pflanze bringen, damit der Lauchstängel kein Licht bekommt und weiß bleibt 1. Wenn die Pflanze etwa 30 cm hoch ist, das obere Drittel abschneiden 2, um das Wachstum anzuregen.

Jäten und hacken
Lauch mag keinen klumpigen, undurchlässigen Boden. Durch Hacken wird der Boden gelockert, belüftet und dräniert, zumal Lauch mehrere Monate lang im Boden bleibt. Jäten ist natürlich ebenfalls nötig.

Gießen
Nach dem Anpflanzen 1 Woche lang regelmäßig mit dem Wasserstrahl gießen, damit die jungen Pflanzen gut anwurzeln, danach in größeren Zeiträumen. Lauch braucht nicht viel Wasser, mag aber frischen Boden und verkümmert bei längerer Trockenheit.

Mulchen
Dies ist nicht unbedingt erforderlich, zumal man aufpassen muss, dass kein krankheitsförderndes Milieu entsteht, das die untere Partie des Lauchs schädigen würde. Aber Rainfarn- oder Rhabarberblätter (die den Vorteil haben, dass sie trocknen ohne zu verrotten) als Bodenbedeckung verhindern eine Eiablage der Lauchmotte, die eine Ernte komplett vernichten kann. Für den Winter empfiehlt sich Laub zum Mulchen, da dann kein Risiko der Fäulnis mehr besteht.

Düngung
Dieses Gemüse liebt fruchtbare Böden. Während des Sommers und bis zum Herbst empfiehlt es sich, mit Bennnesseljauche zu gießen. Für die Winterkulturen sollte man im Oktober einen langsam wirkenden, ausgewogenen Dünger in den Boden einbringen.

Ernte und Lagerung

Sobald der Lauch einen nennenswerten Durchmesser hat (etwa 3 cm), erntet man ihn nach Bedarf, indem man ihn an den Blättern aus dem Boden zieht. Im Boden verbliebene Pflanzen werden dicker. Die frühen Sorten werden im Spätherbst geerntet.

Sie halten sich ein paar Tage frisch. Man schneidet die Blätter ab und bewahrt nur die weißen Stangen auf, die gegart verzehrt werden. Für den Wintervorrat kann man ihn roh oder gekocht einfrieren.

Löwenzahn

Der Löwenzahn ist eine typische Feldblume und eine bekannte Heilpflanze. Um ihn stets greifbar zu haben, baut man ihn wie ein Gemüse im Garten an und erntet die Blätter und Blüten das ganze Jahr hindurch. Eine Parzelle produziert genug für zwei Personen.

- Botanischer Name: *Taraxacum officinale*
- Familie: Korbblütler
- Lebensdauer: mehrjährig
- Gemüsekategorie:

Wahl des Standortes
- Lage:
- Wuchshöhe: 20–30 cm
- Boden: fruchtbar, frisch und humusreich

Anzahl und Pflanzraster

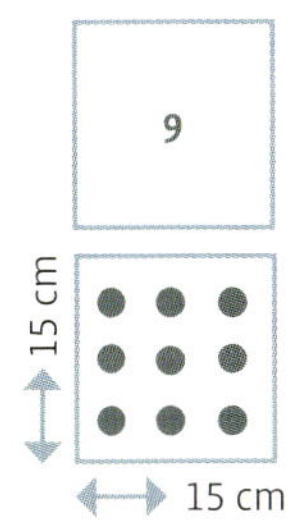

Belegung der Parzelle
6 bis 8 Monate (bei Aussaat)

Fruchtwechsel
3 Jahre

Zeit zur …	Winter			Frühling			Sommer			Herbst		
	J	F	M	A	M	J	J	A	S	O	N	D
Direkte Aussaat ins Freiland			✓	✓	✓	✓						
Ernte	✓	✓	✓	✓	✓	✓	✓	✓	✓	✓	✓	✓

Planung

Diese Kultur wird ganz zu Anfang der Saison nach Vorbereitung des Bodens (siehe Seite 45) bis spätestens Juni angelegt. Bei der Planung sollten Sie berücksichtigen, dass Löwenzahn mehrjährig ist, bis zu 3 Jahre lang am selben Platz bleibt, nicht hoch wächst und keinen Schatten auf andere Pflanzen wirft.

Nicht wählerisch was die Nachbarn angeht, ist Löwenzahn einfach zu platzieren. Im Sommer hat er gern Schatten von anderen Gemüsen.

Im Herbst, wenn die Nachbarparzellen abgeerntet sind, hat er gerne wieder mehr Licht. Daher sollten Sie Beeinträchtigungen durch andere Herbst- oder mehrjährige Kulturen wie Kohl, Rettich, Sauerampfer, usw. möglichst vermeiden.

Aussaat oder Jungpflanze?

Aussaat ist die einzige Option, im März und April im Frühbeet und ab Mai geschützt vor zu viel Sonne. Mit der Ernte kann man nach etwa 2 Monaten beginnen. Man lichtet die Pflanzen in jedem der neun Büschel und belässt jeweils nur die kräftigsten. Manche Gärtner kultivieren den Löwenzahn wie eine ein- oder zweijährige Staude und säen ihn jedes Jahr neu aus. Seine Pfahlwurzeln gehen tief und sind schwer zu entfernen.

Kleingarten und Balkon

Der Löwenzahn findet genug Platz auf kleinem Raum.
- Im Gärtchen kann man ihn hier und da unter Zierpflanzen setzen, wie einen Bodendecker.
- Auf dem Balkon kann man ihn sehr gut auf Dauer – da mehrjährig – in einem oder mehreren Blumenkübeln in die Ecke setzen. Wichtig ist dabei jedoch humusreicher Boden guter Qualität.

Benötigtes Material
– Reifer Kompost

Aussaat

1 Den Boden der Parzelle tief hacken. Da im Frühjahr ausgesät wird, ist umgraben normalerweise nicht nötig, aber jäten.

2 und **3** Nach Prüfen der Bodenstruktur so viel Kompost wie nötig einarbeiten und mit der Erde mischen.

4 Gemäß Pflanzraster in jeweils 15 cm Abstand neun 1–2 cm tiefe Löcher graben.

5 Jedes mit der Brause gut wässern, um günstige Keimbedingungen für die Saat zu schaffen.

6 und **7** In jedes Loch vier bis fünf Samenkörner geben und vorsichtig von Hand mit Erde bedecken.

8 Erde mit dem Rechen andrücken, damit die Samen gut in die Erde eingebettet werden.

9 Mit feiner Brause gießen.

Pflege

Gießen und Mulchen

Der Löwenzahn schätzt frischen Boden. Achten Sie auf regelmäßiges Gießen, nur dann sind seine Blätter zart. Da er mehrere Jahre am Platz bleibt, ist mulchen gut, um den Boden humusreich zu halten. Gehölzhäcksel eignen sich nicht, da sie zu dick sind, besser ist getrocknetes Gras, Rasenschnitt oder Herbstlaub.

Der Löwenzahn blüht ab März mehrmals im Jahr. Die Blüten sollten unbedingt abgepflückt werden, damit er sich nicht selbst aussät. Man kann sie essen oder für naturheilkundliche Anwendungen nutzen.

Jäten und Hacken

Bei einem mehrjährigen Gemüse ist Jäten natürlich unbedingt erforderlich. Die gesamte Parzelle ist ausschließlich für den Löwenzahn gedacht.

Von Zeit zu Zeit sollten Sie unter dem Mulch die Durchlässigkeit des Bodens prüfen. Hacken ist immer gut zur Belüftung und Versorgung mit Sauerstoff.

Die Blätter können von Mehltau befallen werden. In diesem Fall genügt es, die betroffenen Blätter zu entfernen. Man schneidet sie 2 cm über dem Boden ab, um das Wachstum wieder anzuregen und zarte Blätter zu erhalten.

Kompostgabe und Düngung

Jedes Jahr bringt man nach der Aussaat im Frühjahr und zu Beginn des Winters organische Stoffe und einen langsam wirkenden, ausgewogenen Dünger zwischen den Pflanzen aus.

Teilen und Umpflanzen

Im vierten Jahr sollten Sie die Pflanzen – nur die mit den besten Wurzeln – in eine andere Parzelle umsetzen.

Ernte und Lagerung

Schneiden Sie die benötigte Menge an Blättern mit dem Messer ab (siehe nebenstehendes Foto). Am Ende des Winters ernten Sie die Pflanzen ganz (unten abschneiden), um Blüte und Wachstum neuer Blätter anzuregen.

Da sie sich nur sehr kurz frisch halten, sollten Sie die Blätter rasch verbrauchen, roh oder gekocht.

Kräuterapotheke für Neulinge

Die natürlich gewonnenen Pflanzenbehandlungsmittel regen das Pflanzenwachstum an, stärken die natürliche Abwehr und verbessern das Leben im Boden. Sie werden mit Regen- oder Quellwasser aus Pflanzen hergestellt, die man im Garten anbaut oder in der Natur sammelt. Reich an Spurenelementen, Vitaminen und Phytohormonen, werden sie in Wasser verdünnt und an die Kulturen gebracht. Man versprüht sie fein auf die Blätter oder gießt das Substrat damit.
Einige Mittel sollte man jederzeit bei der Hand haben, um eine Behandlung durchführen zu können.

Brennnesseljauche

Zubereitung:
1 kg frische Blätter in 10 l Wasser einweichen, diese Mischung täglich rühren. Sobald die Fermentation nach einigen Tagen stoppt, wird das Ferment (die „Jauche") gefiltert und ist dann fertig zur Verwendung.
Verwendung zum Gießen:
Verdünnung von 1 l Ferment auf 10 l Wasser. Durch den hohen Stickstoffgehalt wird das Blattwachstum begünstigt. Es stimuliert zudem das Mikrobenleben im Boden und wird verwendet, um die Zersetzung organischen Materials auf dem Komposthaufen zu beschleunigen. Das Ferment wird zu Beginn der Anbauperiode ausgebracht, also wenige Wochen nach der Pflanzung oder wenn die Samen gut gekeimt sind und sich gerade bewurzeln; außerdem auch dann, wenn sich Zeichen einer verlangsamten Entwicklung zeigen.
Verwendung zum Sprühen:
100 ml auf 1 l Wasser, einmal monatlich auf den Boden und (nur bei bedecktem Himmel und zudem stärker verdünnt) auf die Blätter. Die Brennnessel stärkt die Immunabwehr der Pflanzen und hält lästige Insekten fern.

Schachtelhalmabsud

Zubereitung:
10 g getrockneter Schachtelhalm werden 24 Stunden lang in 1 l Wasser eingeweicht, dann wird diese Zubereitung zugedeckt für 20 Minuten zum Kochen gebracht. Dann lässt man den Sud 24 Stunden lang abkühlen und filtert ihn.
Verwendung zum Sprühen:
Verdünnung von 200 ml Sud auf 1 l Wasser. Der Schachtelhalmabsud wird vierzehntägig auf Blätter und Boden gesprüht. Reich an Silizium, stärkt der Sud das Gewebe und die Immunabwehr der Pflanzen.

Beinwelljauche

Zubereitung:
Die Zubereitung erfolgt auf die gleiche Weise wie bei der Brennnessel, indem man 1 kg frische Blätter in 10 l Wasser einweicht, umrührt und das Ferment dann abseiht.
Verwendung zum Gießen:
In der Verdünnung von 1 l Sud auf 5 l Wasser eignet sich Beinwell, um das Mikrobenleben im Boden anzuregen und die Kompostbildung zu beschleunigen. Reich an Phosphor, begünstigt Beinwell die Blütenbildung und das Ansetzen von Früchten.
Verwendung zum Sprühen:
Man verwendet 100 ml Ferment in Verdünnung auf 500 ml Wasser einmal monatlich auf Blätter und Boden. Es stärkt das Gewebe der Pflanzen und ihre Widerstandskräfte gegen Krankheiten.

Nebenstehend: Brennnessel

Rechte Seite: Beinwell

Zuckermais

- Botanischer Name: *Zea mays*
- Familie: Süßgräser
- Lebensdauer: einjährig
- Kategorie des Gemüses:

Wahl des Standortes
- Standort:
- Wuchshöhe: 1,50–2 m
- Boden: locker und wasserdurchlässig, frisch und humos

Anzahl und Pflanzraster

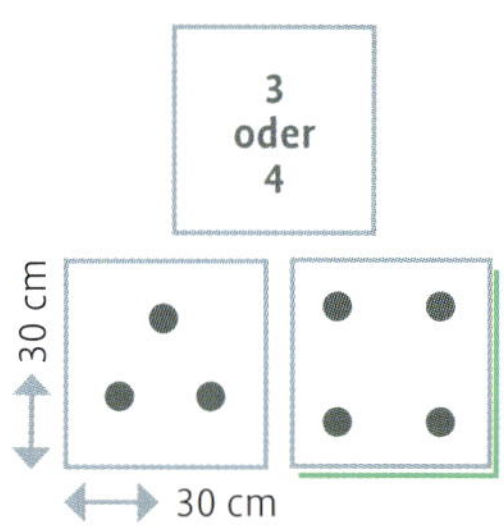

Belegung der Parzelle
4 bis 5 Monate (bei Aussaat)

Fruchtwechsel
4 Jahre

Mais kann im Gemüsegarten angebaut werden, um Zuckermais oder Popcorn zu genießen. Es gibt zahlreiche Sorten mit unterschiedlich gefärbten Körnern – gelbe, rote, braune. Pro Pflanze wachsen ein oder zwei Kolben. Mais ist der einzige Gemüsegartenvertreter seiner Pflanzenfamilie, was die Planung der benachbarten, vorausgehenden oder nachfolgenden Kulturen stark vereinfacht.

Zeit zur …	Winter			Frühling			Sommer			Herbst		
	J	F	M	A	M	J	J	A	S	O	N	D
Aussaat im Haus, dann im Freiland				x	x	x						
Ernte							x	x	x	x		

Planung

Für drei Maispflanzen eignet sich die zentrale Parzelle sehr gut. Das Pflanzschema mit Dreiergruppe bietet zwei Vorteile:

- Wenig Aufwand bei der Pflege, Sie bekommen also keine Rückenschmerzen.
- Mais wirft ein wenig Schatten auf einige Parzellen, lässt jedoch noch Sonne hindurch. Das passt wunderbar zu den Ansprüchen von Grünem Salat, Bohnen, Radieschen und Spinat.

In einer Eckparzelle können ohne Störung der benachbarten Parzellen vier Pflanzen angebaut werden. Sie ragen in den Weg.

Reservieren Sie zwei Parzellen für den Mais, weil die Samen verzogen (ausgedünnt und umgepflanzt) werden.

Kleingarten und Balkon

Mais kann in Töpfchen einzeln gesät und dann in die Beete ausgepflanzt werden. Dadurch entstehen hübsche vertikale Effekte zwischen den flachen Zierpflanzen, und der Mais profitiert von deren regelmäßiger Bewässerung. Man kann ihn auch prima in Pflanzkübeln von 40 cm Höhe in Kombination mit Bohnen anbauen (siehe folgende Seite).

Aussaat oder Jungpflanze?

Es handelt sich um eine selbst aussäende Pflanze, wenn man mit ökologischem Saatgut (keine F1-Generation) arbeitet. Die Samenkörner sind sehr groß und die Aussaat einfach. Kinder lieben es, sich daran zu versuchen, und sind verblüfft, wenn das „Haar" der Maiskolben im Wind weht.

Aussaat

1 und **2** Tief reichend hacken und die Erde zerkrümeln, Steine und Unkraut entfernen. Dadurch hat man später weniger Arbeit mit der Pflege, vor allem bei der mittleren Parzelle. Der Einsatz der Grabgabel ist nicht erforderlich. Man sät zu Beginn der Saison, nachdem der Boden des gesamten Beetes gut vorbereitet wurde (siehe Seite 45 und 159).

3 Drei 7 cm tiefe Mulden im Abstand von jeweils 30 cm graben.

4 In jede Mulde drei bis vier Maiskörner legen.

5 Die Samen mit einer Schicht Erde von etwa 1 cm Höhe bedecken. Restliche Mulde belassen. Mit der großen Brause gießen.

Wissenswert
Dieses Gemüse verträgt keinen schweren Boden und ist ideal, wenn man mit einem Gemüsegarten beginnt. Mais braucht nur eine ordentliche Erde, ohne dass man noch frischen Dünger untergraben muss. In den Folgejahren gedeiht er in humosem Boden.

In Maries Gemüsegarten

Pierres origineller Einfall, um die Fläche besser auszunutzen: Im Juli werden die letzten Stangenbohnen direkt an die schon gut gewachsenen Maisstängel gesät. Diese dienen den Bohnen als Rankhilfe.

Gärtnertipp

In Mulden säen

Saatmulden nennt man die Kuhlen, in die man mehrere Samenkörner gleichzeitig legt, z. B. bei der Roten Bete. Deren Mulden werden so flach gehalten, dass man bei ebener Fläche die Samen gerade so mit Erde bedeckt hat. Bei den Stangenbohnen oder bei Zuckermais sind die Mulden tiefer: 7–10 cm. Die Samen werden mit Erde bedeckt, die Vertiefung bleibt jedoch. Man nennt das ganze dann „Mulde zum Anhäufeln". Die Gemüse keimen darin und die Gartenerde wird schrittweise aufgehäuft. Dieses Verfahren verbessert die Bewurzelung und Standfestigkeit.

Pflege

Ausdünnen

Sobald die Jungpflanzen etwa 20–30 cm hoch sind, entfernt man pro Pflanzstelle bis auf die kräftigste Pflanze alle weiteren. Dazu gräbt man die Pflänzchen vorsichtig mit der Pflanzkelle aus und setzt die robusteren in eine andere Parzelle um. Sie fruchten und reifen später, wodurch sich die Ernte staffeln lässt.

Anhäufeln

Die Pflanzen keimen unten in der Saatmulde und die Erde wird schrittweise angehäufelt, damit sie gut stehen. Andernfalls würden die Wurzeln aus der Erde kommen und die Pflanzen würden beim geringsten Windhauch kippen. Es bestünde die Gefahr, dass sie auf andere Parzellen fallen.

Beetbedeckung und Bewässerung

Dieses Gemüse mag es gar nicht, wenn es dürsten muss. Gießen Sie regelmäßig, sodass der Boden frisch bleibt, und bringen Sie eine Mulchschicht (Rasenschnittgut, Gehölzhäcksel, Klee) aus.

Ernte und Lagerung

Zuckermais wird geerntet, sobald der haarige Schopf ausgetrocknet ist. Schält man die Hülle vom Kolben ab, sollten die Maiskörner darunter einen milchigen Saft absondern, wenn man sie mit dem Fingernagel eindrückt. Der Halm und die Blätter können den Winter hindurch als Unterschlupf für Insekten auf dem Beet stehen bleiben.

Maiskolben werden in Wasser oder Dampf gegart, nachdem man die Blätter und alle feinen Härchen entfernt hat. Sie schmecken delikat, wenn man sie auf dem Grill oder über dem Holzfeuer zubereitet.

Popcorn-Mais platzt zu Popcorn auf, nachdem man ihn in etwas heißes Öl gegeben hat.

Jede Pflanze besitzt an der Sprossspitze männliche Blüten, während tiefer am Halm die weiblichen Blüten hervorbrechen. Die Bestäubung erfolgt durch den Wind oder wenn der Gärtner die Pflanze gelegentlich schüttelt. Als „Haar" oder Fäden bezeichnet man die je nach Sorte roten oder hellgelben Griffel der weiblichen Blüten.

Mangold

Mangold oder Römische Bete sind verschiedene gängige Namen für dieselbe üppige und hübsche Gemüsepflanze. Man isst die Blätter und die Rippen (Stiele). Häufig wird Mangold bis zu den ersten Herbstfrösten angebaut. Gut geschützt kann er auch den Winter überstehen. Eine Pflanze produziert reichlich für zwei Personen.

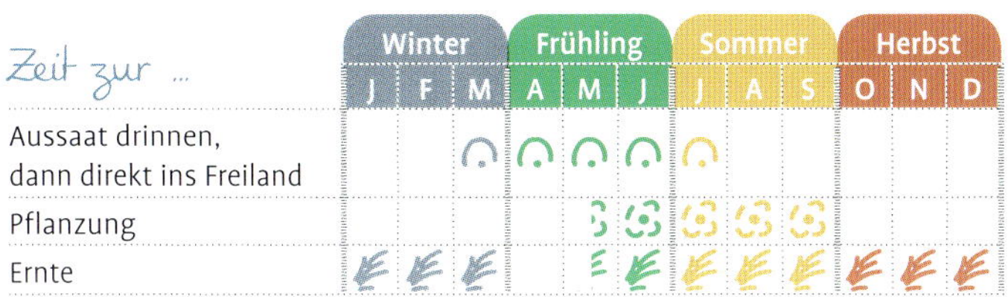

Planung

Den Mangold mit weißen Stielen sollte man in eine Eckparzelle pflanzen, da er eine „Diva" mit ausladendem Wuchs ist. Den bunten kann man in eine mittlere Parzelle setzen.

Mangold begnügt sich mit Schattenplätzen, doch sollten Sie an seine Nachbarn denken, denen er mit seiner Wuchshöhe von bis zu 70 cm einen Großteil des Lichts wegnimmt. Die bunten Sorten werden mit 40–50 cm nicht so hoch.

- Botanischer Name: *Beta vulgaris*
- Familie: Gänsefußgewächse
- Lebensdauer: zweijährig
- Gemüsekategorie:

Wahl des Standortes

- Lage:
- Wuchshöhe: 40–70 cm
- Boden: locker und tief, frisch und humusreich

Anzahl und Pflanzraster

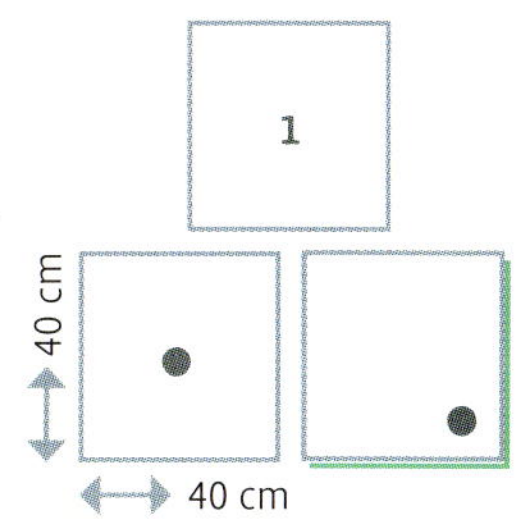

Belegung der Parzelle

Zweijährig

Fruchtwechsel

3 Jahre

Aussaat oder Jungpflanze?

Für eine oder zwei Pflanzen geht man am besten zum Gärtner. Dann kann man die Sorten mischen. Aussaat ist auch möglich, im März/April drinnen in einzelnen Töpfen, denn das Verziehen verträgt er nicht. Später kann man ihn ins Freiland setzen. Wie bei den Roten Rüben (Rote Bete) liegen die Samen in Knäueln von zwei bis drei Körnern vor, von denen man vier bis fünf in eine Mulde sät. Für besseren Wuchs sollte man ihn später ausdünnen.

Meine Planungsidee

Im März wird der Boden mit organischen Stoffen verbessert. Vor dem Mangold kann man eine schnell wachsende Kultur Radieschen pflanzen, die zu einer anderen Pflanzenkategorie zählen, aber auch humusreichen Boden schätzen.
Die letzten Pflanzen im August und September setzt man neben Feldsalat, Spinat und andere Gemüse, die alle beim ersten Frost abgedeckt werden müssen.

Kleingarten und Balkon

Garantiert dekorativ wirkt dieses Gemüse in einem kleinen Ziergarten oder einem 40–50 cm tiefen Pflanzkübel. Die gewöhnliche Sorte hat weiße Stiele, es gibt aber auch rote oder gelbe mit feineren Stielen und weniger ausladendem Wuchs. Wenn er Blüten bekommt, wird Mangold bis zu 2 m hoch.

Pflanzung

1 Den Boden tief mit einer Grabgabel auflockern, jäten und glätten.

2 und **3** Gemäß Pflanzraster (bei diesem Bild in einer Ecke) ein 20 cm tiefes und breites Loch graben. Zwei große Hände voll Kompost einbringen, mit der Erde vermischen und gießen.

4 und **5** Den Wurzelballen wässern und in das Pflanzloch mitten in die feuchte Erde setzen. Mit Erde zuschieben bis zu den ersten Blättern und ringsum eine Gießrinne anlegen.

6 und **7** Die gesamte Parzelle mit Kompost bedecken, mit dem Strahl gießen und mulchen.

Benötigtes Material
- Reifer Kompost
- Mulch

Wissenswert
Keinen frischen Mist verwenden.

Gärtnertipp

Blattwerk dressieren

Das ist beim Gartenbau im Quadrat unbedingt erforderlich, da die Kulturen dicht beieinander stehen. Auch trägt es zur Ästhetik des Gartens bei, gibt jeder Pflanze genug Freiraum für ihre Entwicklung und sorgt für gute Belüftung der Blätter. Hiervon hängen Gesundheit und Ertrag der Kulturen ab. Also darf man nicht zögern, die zur Nachbarparzelle hinüberwachsenden Blätter abzuschneiden, hochzubinden oder zu stützen, um manche Gemüsesorten wie Buschbohnen, die sich gerne breitmachen, in Schach zu halten.

Pflege

Gießen und Mulchen
Der Mangold hat als Beetbedeckung gerne eine Schicht von 4–5 cm gehäckselten Zweigen, Gras oder Klee (aber für die Ernte um die Pflanze herum freilassen) und im Winter 10–15 cm dickes Laub. Sitzt er in einer mittleren Parzelle, reduziert sich durch das Mulchen der Pflegeaufwand.

So geschützt bleibt die Erde frisch. Man muss nicht so viel gießen, um die Feuchtigkeit zu halten. Die breiten Blätter und Rippen zeigen von selbst einen Wassermangel an, wenn sie herabhängen.

Düngung
Wurden die Pflanzen im Frühjahr gesetzt, sollte man im Juli mit Brennnesseljauche gießen. Die Pflanzen für den Herbst/Winter können Sie Mitte September mit etwas langsam wirkendem, ausgewogenem Dünger stärken.

Kälteschutz
Der Schutz ist ab dem ersten Frost unbedingt erforderlich. Man gräbt die Pflanzen vorsichtig mit der Erde an den Wurzeln aus, setzt sie in Töpfe und stellt sie drinnen an einen hellen Ort.

Ernte und Lagerung

Zum Ernten schneidet man die gewünschte Menge an Blättern mit einem Messer unten an den Stielen von außen zur Mitte hin ab. Wenn an einer Pflanze längere Zeit nichts geerntet wurde und sie Samen bilden will oder durch Blattlaus- oder Pilzbefall o. Ä. krank ist, schneidet man sie 2 cm über dem Boden ab, sodass sie frisch nachwachsen kann.

Nach dem Ernten muss man den Mangold sofort essen, da er sich nicht hält. Die Blätter werden geputzt und mit Butter zubereitet wie Spinat (sie verlieren viel an Volumen). Die Rippen werden in 5 cm lange Stücke geschnitten (die Fäden entfernen) und in Wasser gekocht.

Melone

Die Melone ist nur bei sonnig-warmem Klima eine Selbstverständlichkeit. Sie ist im Gemüsegarten also mehr oder weniger dasselbe wie eine Kirsche auf dem Kuchen. Man sollte es ausprobieren, diese Pflanze zu kultivieren, die uns Demut lehrt. Wir müssen den richtigen Standort wählen, mulchen, schneiden, den Boden frisch halten, natürliche Pflanzenbehandlungsmittel verwenden und trotzdem gelingt der Anbau vielleicht nicht, wenn das Wetter nicht mitspielt. Oder wir ernten vier Melonen pro Parzelle.

Zeit zur …	Winter			Frühling			Sommer			Herbst		
	J	F	M	A	M	J	J	A	S	O	N	D
Aussaat im Warmen			x	x	x							
Pflanzung					x	x						
Ernte							x	x	x			

Planung

Süden, pralle Sonne, Hitze! Die Melone ist der Spitzenreiter unter den Sonnenanbetern (siehe Seite 34), deren Platz man zu allererst einplant, noch vor den Tomaten oder Auberginen, die in die Höhe wachsen. Die Melone kriecht am Boden. Sie braucht daher einen günstigen Standort, am Rand des Quadratbeets, um sich auf dem Weg auszubreiten.

Da die Melone horizontal läuft, darf sie neben Kulturen mit üppigem Blattwuchs stehen, sofern diese keinen Schatten werfen (Busch- oder Stangenbohnen, Sellerie, Salat usw.)

- Botanischer Name: *Cucumis melo*
- Familie: Kürbisgewächse
- Lebensdauer: einjährig
- Kategorie des Gemüses:

Wahl des Standortes

- Standort:
- Wuchshöhe: 1,50 m
- Boden: tief, leicht und locker, frisch und humushaltig

Anzahl und Pflanzraster

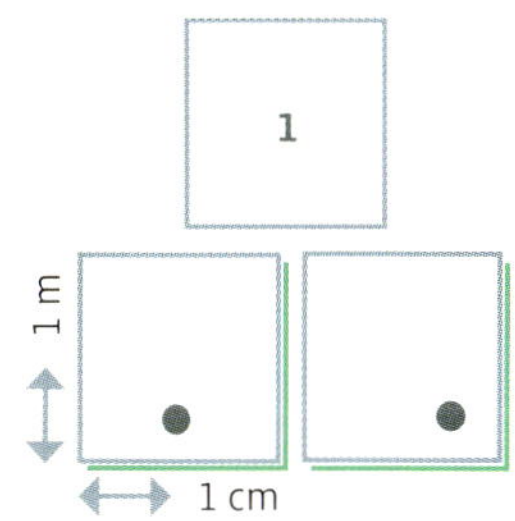

Belegung der Parzelle

4 bis 5 Monate (bei Jungpflanzen)

Fruchtwechsel

3 Jahre

Meine Planungsidee

Ab Mitte Mai kommt sie in den Gemüsegarten, damit sie Zeit zum Anwurzeln hat, Blüten treibt, bestäubt wird und fruchtet. Wenn es zu diesem Zeitpunkt noch kühl sein sollte, eignen sich die unterschiedlichsten Mittel, um die Jungpflanze zu schützen: Mulch auf dem Boden, Treibhausfolie oder Luftpolsterfolie und Mini-Gewächshaus (Glaskasten) von oben. Alles muss so oft wie möglich belüftet werden. Das Mini-Gewächshaus verwendet man in kühleren Regionen auch im Sommer.

Kleingarten und Balkon

Auf einem sehr sonnigen Südbalkon kann man diese Pflanze in einem tiefen Blumenkübel mit Qualitätspflanzenerde kultivieren, wenn man sie den ganzen Sommer hindurch regelmäßig gießt und düngt.

Aussaat oder Jungpflanze?

Bei dieser eher zum Vergnügen als zum Nutzen angebauten Pflanze können Sie ein bis zwei Exemplare in Parzellen setzen. Doch die Aussaat ist kompliziert, da eine konstante Keimtemperatur von 18–20 °C nötig ist. Beschaffen Sie sich am besten eine Pflanze in der Gärtnerei, wo Sie die Sorte bekommen, die im örtlichen Klima gut gedeiht.

Pflanzung

1 Mit der Grabgabel das Beet tief lockern, damit ein gut belüfteter Boden entsteht. Unkraut entfernen.

2 Am Rand der vorgesehenen Parzelle ein Pflanzloch von 20 cm Tiefe ausheben. Die Melonenpflanze wird über die Parzelle und auf den Weg kriechen.

3 Eine Handvoll reifen Kompost unter die Gartenerde mischen.

4 Reichlich wässern, damit ein feuchter Pflanzgrund entsteht.

5 Pflanze mit dem Anzuchttopf wässern und dann Ballen austopfen, in die Humusmischung setzen.

6 Das Pflanzloch wieder zuschieben, rundum gut festdrücken und dabei leicht schräg zum Außenrand der Parzelle hin fixieren.

7 Gießmulde anlegen und gießen.

8 und **9** Eine dünne Kompostschicht ausbringen und darüber mulchen, dabei die Gießmulde aussparen.

Benötigtes Material
- Reifer Kompost
- Mulch

Alle Melonen haben eine so rundliche, einladende Form wie der Klang ihres botanischen Familiennamens verspricht: Cucurbitaceae. Sie haben aber auch alle eine Schwäche: Mehltau (siehe Seite 186), den nur ein Absud aus Schachtelhalm hinauszögern, manchmal auch ganz verhindern kann.

Pflege

Bodenbedeckung und Gießen

Auch wenn die Frucht zur Wärme der Sonne strebt, hat die Melonenpflanze gerne kühlen Boden. Mulchen trägt dazu bei, bis die Pflanze ihre eigene Schutzeinrichtung – die dichten Blätter – ausgebildet hat. Dank der Beetbedeckung kommen auch die Früchte nicht in Kontakt mit dem Erdboden, was sie vor Fäulnis schützt. Zu Beginn empfiehlt sich trockenes Heu, später dann Gehölzhäcksel, sobald die Pflanze sich entwickelt hat. Man gießt mit dem Strahl, direkt an die Wurzel der Pflanze und niemals auf die Blätter.

Schneiden

Eine Jungpflanze entwickelt mehrere Haupttriebe. Vier davon lässt man stehen und dirigiert sie, da sie relativ biegsam sind, auf folgende Weise: zwei über die Beetfläche, sie werden gekappt, wenn sie keinen Platz mehr finden; zwei führt man auf den Weg. Jeder Trieb entwickelt männliche und weibliche Blüten. Sobald sich eine Frucht bildet, schneidet man den Trieb nach weiteren zwei Blättern zur Spitze hin ab. Ziel ist, dass sich vier Früchte pro Pflanze entwickeln. Manchmal trägt einer der vier Triebe keine Frucht, weil sich keine weibliche Blüte gebildet hatte oder vorhandene nicht befruchtet wurden, und an einem anderen Trieb wachsen zwei Melonen.

Gärtnertipp

Oben und unten düngen

Die Wurzeln nehmen aus dem Boden die in Wasser gelösten Nährstoffe auf: Stickstoff (N), Phosphor (P) und Kalium (K) als Kern-Nährelemente sowie die Spurenelemente (darunter Kupfer, Bor) und Makronährstoffe wie Kalzium, Magnesium und andere. Im Boden wird ein eventuelles Überangebot ausgeschwemmt, es gibt also kein Reservoir dafür. Folglich genügt eine einmalige Düngergabe im Frühling, und während der Fruchtbildung gibt man einen phosphor- und kaliumreichen Dünger. Die Blätter nehmen ebenfalls lebenswichtige Nährstoffe aus der Luft auf, daher die Notwendigkeit, das Blattwerk zu belüften. Blattdüngung und Fungizide (Seite 85) spielen dabei eine wichtige Rolle. Bei den Cucurbitaceae (Melone, Zucchini) erweist sich ein Absud aus Schachtelhalm als wirkungsvoll gegen Mehltau.

Düngen

Man sprüht vierzehntägig einen Schachtelhalmabsud während der Wachstumsphase. Ende Juli bringt man einen Blattdünger aus und einen kaliumreichen Bodendünger, sobald die ersten Früchte ansetzen.

Ernte und Lagerung

Die Ernte erfolgt, wenn die Früchte reif sind: Der Blütenstiel lässt sich leicht entfernen und das Fleisch ist weich, wenn man es mit dem Daumen eindrückt. Letzter Erntezeitpunkt ist der September. Melonen kann man einige Tage gekühlt lagern.

Paprika

Gewürz- und Gemüsepaprika sind verschiedene Varianten derselben Pflanze, Gewürzpaprika (Peperoni) sind schmaler aber intensiver im Geschmack als Gemüsepaprika, der bei den Genüssen des Sommers nicht fehlen darf. In gemäßigten Breiten produziert eine Pflanze etwa vier Paprikaschoten – in wärmerem Klima mehr.

Zeit zur …	Winter			Frühling			Sommer			Herbst		
	J	F	M	A	M	J	J	A	S	O	N	D
Aussaat im Gewächshaus		x	x									
Pflanzung					x	x						
Ernte							x	x	x	x		

- Botanischer Name: *Capsicum annuum*, verschiedene Sorten
- Familie: Nachtschattengewächse
- Lebensdauer: einjährig
- Gemüsekategorie:

Wahl des Standortes

- Lage:
- Wuchshöhe: 60–80 cm
- Boden: tief und leicht, frisch und humusreich

Anzahl und Pflanzraster

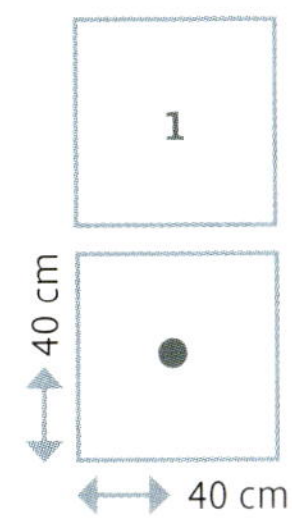

Belegung der Parzelle

4 bis 5 Monate (bei Jungpflanzen)

Fruchtwechsel

3 Jahre

Planung

Paprika gehört zu den Sonnenanbetern (siehe Seite 34), die man vorzugsweise in die während der heißesten Stunden des Tages sonnigsten Parzellen setzen sollte.

Die ersten Früchte bilden sich etwa 20 cm über dem Boden. Um die Parzelle herum kann man niedrige Kulturen wie Salat oder Radieschen anlegen, nicht jedoch Gemüse, die Schatten werfen.

Paprika liebt humusreichen, jedoch keinen kalkhaltigen Boden. Anhand dieses Kriteriums wählt man je nach Bodenbeschaffenheit im Gemüsegarten die am besten geeignete Stelle aus.

Aussaat oder Jungpflanze?

Jungpflanzen eignen sich am besten, um verschiedene Sorten auszuprobieren. Saatkörner gewinnt man aus geernteten Früchten. Die Anzucht ist aber sehr empfindlich, denn sie benötigt eine konstant warme Umgebung (20 °C) und viel Licht. Dennoch kann man es ab Februar am sonnigen Fenster in einem regelmäßig beheizten Raum versuchen.

Meine Planungsidee

Vor dem Paprika kann man bis Mitte Mai schnell wachsende Kulturen wie Radieschen und/oder Rucola pflanzen.

Damit ein humusreiches Substrat entsteht, sollte man die Parzelle idealerweise 14 Tage vor dem Pflanzen mulchen. Man kann noch Holzasche zugeben, denn dieses Gemüse braucht viel Kalium.

Der Paprika gehört zur Familie der Nachtschattengewächse. Daher haben seine Blüten dieselben Merkmale wie Auberginen und Tomaten. Sie sind zwittrig und selbstbestäubend, können also durch Wind, Insekten oder Zutun des Gärtners befruchtet werden.
Die Früchte verändern je nach Reifegrad ihre Farbe. So wird aus einer grünen Paprika eine rote mit einem etwas süßeren Aroma. Mit den Peperoni verhält es sich ebenso.

Kleingarten und Balkon

Die Kultur gedeiht durchaus in einem 40 cm tiefen Pflanzkübel, wobei auf qualitativ hochwertige Erde und regelmäßiges Gießen zu achten ist.

Pflanzung

1 Mit der Grabgabel umgraben. Paprika wird im Anschluss an andere Kulturen gepflanzt, sodass der Boden verklumpt sein könnte – er mag jedoch tiefen und durchlässigen Boden.

2 und **3** In die Mitte der Parzelle ein Loch graben, das 5 cm tiefer sein sollte als der Topf. Nach Prüfung der Bodenstruktur reifen Kompost in größerer oder kleinerer Menge untermischen und zur Befeuchtung gießen.

Benötigtes Material
- Reifer Kompost
- Mulch
- Stange

Hinweis
Keinen frischen Mist verwenden

Gärtnertipp

Der richtige Erntezeitpunkt

Ein Gemüse wird geerntet, sobald es reif ist. Ansonsten bildet es Samen (Lauch, Rucola, Blattsalate), zuweilen zu Lasten der essbaren Teile (Radieschen z. B. werden hohl). Oder die Ressourcen der Pflanze werden unnötigerweise erschöpft, sodass sie an anderen Stellen weniger oder überhaupt nichts mehr trägt (Bohnen, Gurken). Ernten heißt auch, richtig mit der Pflanze umzugehen, die geeigneten Geräte zu verwenden, sodass die Ernte lagerfähig ist, und auf die Pflanze zu achten, um ihre Produktivität zu erhalten.

4 und **5** Den Ballen in Wasser tauchen und vorsichtig austopfen, dabei die Wurzeln lockern, falls sie zu dicht zusammenhängen. Die Pflanze in das Loch setzen, sodass sie Kontakt mit dem feuchten Substrat hat.

6 Die Erde um den Ballen und die Wurzel wieder zuschieben, dabei die Pflanze gerade halten. Anhäufeln und eine Gießrinne ringsum anlegen, gießen.

7 Eine Stütze (Stange) in die Erde stecken und die Pflanze anbinden (siehe Seite 173).

8 Die ganze Parzelle mulchen, dabei die Gießrinne freilassen. Die Jungpflanze schützen (siehe Seite 185).

Pflege

Stützen

Die Pflanze wird stabilisiert, indem man sie entsprechend ihres Wachstums immer wieder an die Stange anbindet.

Gießen und Mulchen

Um den Humusgehalt des Bodens zu erhalten, sollte man die Pflanzen regelmäßig mit einem Wasserstrahl unten gießen. In der prallen Sonne leiden sie oft unter Wassermangel: Die Blätter welken und fallen ab.

Die Kultur sollte fortlaufend gemulcht werden, dazu eignet sich Rasenschnitt, Heu oder Gehölzhäckselgut.

Düngung

Zu Beginn des Wachstums schätzen es die Paprika und Peperoni, mit Brennnesseljauche gegossen zu werden (14 Tage nach dem Pflanzen). Wenn die Fruchtbildung beginnt, kann man phosphor- und kaliumreichen Dünger geben.

Reduzierung der Früchte

Man beginnt damit Anfang September, um die Reifung der bereits wachsenden Früchte sicherzustellen. Sich neu bildende Früchte werden entfernt.

Ernte und Lagerung

Sie können die Früchte bis September bzw. Anfang Oktober ernten, indem Sie den Stiel der gereiften Früchte mit einer Gartenschere abschneiden. Paprika halten sich ein paar Tage frisch und werden entkernt roh oder gekocht gegessen. Peperoni werden traditionell zu Girlanden geflochten und zum Trocknen aufgehängt, dann in einer Dose lichtgeschützt aufbewahrt.

Petersilie

Eine Aussaat lohnt sich, selbst wenn es lange dauert bis die Petersilie aufgeht. Man kann auch Pflanzen in Terrakotta-Töpfen in den Garten setzen und sie dann über den Winter hereinholen. Ansonsten sollte man sie ab dem ersten Frost durch ein Mini-Gewächshaus schützen. Es gibt glatte und krause Sorten. Die Blätter mit Stielen kann man bis zum Herbst ernten und einge-frieren.

- Botanischer Name: *Petroselinum crispum*
- Familie: Doldenblütler
- Lebensdauer: zweijährig
- Gemüsekategorie:

Wahl des Standortes
- Lage:
- Wuchshöhe: 30–40 cm
- Boden: locker und wasserdurchlässig, frisch und humusreich

Anzahl und Pflanzraster

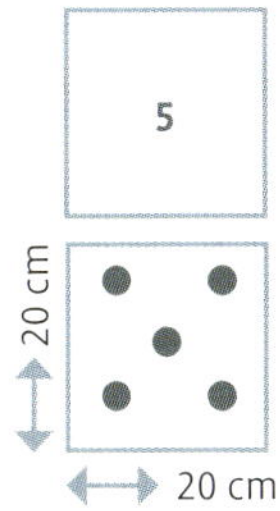

Belegung der Parzelle
Zweijährig

Fruchtwechsel
3 Jahre

Vor einem Regen
Es gibt Momente, in denen die Farben des Gemüsegartens verschwimmen. Das Licht schwindet und das Blau des Kohls oder das Rot der Maiskolben ist kaum noch erkennbar. Es ist als stünde die Zeit still, bevor sich die Schleusen des Himmels öffnen. Genau zu diesem Zeitpunkt sollte man hier und da hacken, damit das Regenwasser in den Boden eindringen kann.

Radieschen

- Botanischer Name: *Raphanus sativus* var. *sativus*
- Familie: Kreuzblütler
- Lebensdauer: einjährig
- Gemüsekategorie:

Wahl des Standortes
- Lage:
- Wuchshöhe: 25 cm
- Boden: locker und tief, frisch und humusreich

Anzahl und Pflanzraster

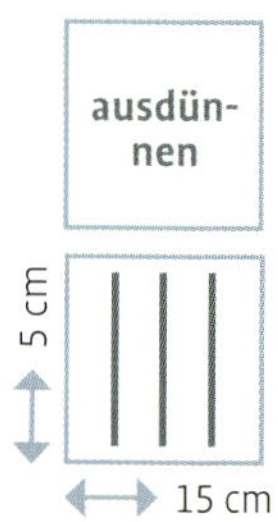

Belegung der Parzelle
1 bis 2 Monate (bei Aussaat)

Fruchtwechsel
2 Jahre

Zusammen mit dem Salat ist kein Gemüse besser geeignet, um einen der Vorteile dieser Anbaumethode zu zeigen, nämlich den Anbau der gerade so benötigten Menge. Eine Parzelle produziert ungefähr einen dicken Bund Radieschen pro Monat. Die Kunst der Planung besteht darin, die Aussaat so zu staffeln, dass man regelmäßig Ertrag hat und dabei alle Sorten durchprobieren kann – runde, längliche, rote oder rosafarbene.

Zeit zur …	Winter			Frühling			Sommer			Herbst		
	J	F	M	A	M	J	J	A	S	O	N	D
Aussaat im Freiland			x	x	x	x	x	x	x	x		
Ernte				x	x	x	x	x	x	x	x	

Planung

Dies ist eine bei der Wahl der Lage wenig anspruchsvolle „Joker-Kultur", die man erst dann einplant, wenn die sonnigen Parzellen schon vergeben sind.

Ihre einzige Vorliebe ist humusreicher Boden, den man bei der Aussaat noch aufbereiten kann.

Schwierigkeiten könnte ihre Zugehörigkeit zur großen Familie der Kreuzblütler machen. Für gestaffelte Ernten sollte man beim Pflanzen der Radieschen die Prinzipien für gute Kombinationen beachten (siehe Seite 27). Es besteht aber keine Gefahr für den Garten, wenn man sie in Ermangelung anderer Möglichkeiten mal einen Monat neben Kohl, Speiserüben oder Rucola setzt.

Aussaat oder Jungpflanze?

Es besteht nur die Möglichkeit einer Direktaussaat ins Freiland, da man Radieschen nicht umsetzen kann. Für regelmäßige Aussaaten gibt es Saatbänder (siehe Seite 168). Im März, April und Oktober sollte man sie in Mini-Treibhäusern schützen.

Meine Planungsidee

Zur Sicherung kontinuierlicher Ernten unter Berücksichtigung des Fruchtwechsels sollten sich Blattsalate und Radieschen (verschiedene Familien und Typen) zweimal pro Jahr in derselben Parzelle ablösen. Hierfür sind zwei Parzellen zu reservieren, damit man jeden Monat fünf Salatköpfe in der einen und einen Bund Radieschen in der anderen ernten kann.

Aussaat

1 und **2** Die Parzelle hacken (Radieschen sind zäh und entwickeln auch in etwas festerem Boden ihre Wurzeln gut) und gleich jäten. Später ist das schwieriger, da man evtl. die Keimlinge beschädigen könnte. Alle Steine entfernen, damit die Wurzeln gut Platz haben.

3 und **4** Saatschildchen in 15 cm Abstand aufstellen und 2 cm tiefe Rillen anlegen.

5 Eine dünne Schicht Kompost oder Mutterboden in jede Rille geben und zum Anfeuchten gießen.

6 Die Radieschensamen mit einem Saatgutspender oder von Hand in möglichst gleichmäßigen Abständen von 2–3 cm einsäen.

7 und **8** Die Rillen mit Erde bedecken und mit dem Rechen festdrücken.

9 Reichlich mit der Brause gießen.

Benötigtes Material
– Reifer Kompost oder Mutterboden

Wichtiger Hinweis
Keinen frischen Mist verwenden. Ist die Parzelle nicht humusreich genug, mischen Sie reifen Kompost (oder Mutterboden) mit einer Gartenhacke fein unter den Boden.

In Maries Gemüsegarten

Bei der Aussaat stecke ich Saatschildchen in die Erde, die mit dem Erntedatum beschriftet sind.

Gärtnertipp

Ausdünnen

Nach einer dichten Aussaat, ist das sogenannte Ausdünnen nötig. Dabei entfernt man überzählige Keimlinge und lässt nur die kräftigsten in Abständen stehen, die genug Platz für die weitere Entwicklung bieten. Das gilt für die reihenweise Aussaat von Karotten, Radieschen, Speiserüben wie für die Saatmulden mit Roten Rüben oder Zuckermais. Bei den beiden Letzteren zieht man die jungen Pflanzen vorsichtig mit der Wurzel aus dem Boden und pflanzt sie in eine andere Parzelle.

Pflege

Ausdünnen

Wenn die Pflänzchen ungefähr 5 cm hoch sind, lässt man alle 4–5 cm jeweils das schönste stehen.

Hacken und Gießen

Beides muss ganz regelmäßig geschehen, damit der Boden immer frisch, belüftet und sauber ist. Radieschen vertragen kein unregelmäßiges Gießen und ausgetrocknete Böden. Sie werden dann holzig, hart und ungenießbar. Eine frisch gehaltene Umgebung hält Erdflöhe fern, die, wie auf Seite 164 zu sehen, viele kleine runde Löcher in das Blattwerk bohren.

Ernte und Lagerung

Geerntet werden muss zum richtigen Zeitpunkt, wenn die Radieschen die je nach Sorte gewünschte Größe erreicht haben und saftig und fest sind. Man zieht sie einfach an den Blättern aus dem Boden.

Dieses kleine Gemüse hält sich nicht lange frisch. Wunschgemäß knackig sind sie am Tag der Ernte. Die Blätter kann man im Salat oder gekocht essen, die Samenkörner dienen als Gewürz.

Rettich

Der ausgeprägt scharfe Geschmack der dicken Wurzel hat diesem Gemüse den Beinamen „Pariser Meerrettich“ eingebracht. Man nennt ihn auch Winterrettich, da er spät im Jahr geerntet wird und manche Sorten auch frostbeständig sind. So gehört er zu den letzten rohen Gemüsen, die man im Herbst genießen kann. Eine Parzelle liefert zwölf Rettiche. Ein Rettich genügt als Vorspeise für zwei Personen.

Zeit zur …	Winter			Frühling			Sommer			Herbst		
	J	F	M	A	M	J	J	A	S	O	N	D
Aussaat im Freiland					x	x	x	x				
Ernte	x	x	x					x	x	x	x	x

Planung

Dies ist ein „Joker“, den man ohne lange zu überlegen in eine freie Parzelle setzen kann, nachdem die besten Plätze schon an andere Gemüse vergeben sind. Er mag gerne Schatten, also stört ihn selbst der von Stangenbohnen nicht.

Eine mittlere Parzelle eignet sich, da diese Kultur wenig Pflege benötigt.

Rettich mag humusreiche Erde, man richtet sich mit der Parzelle daher nach der Bodenbeschaffenheit im Garten. Zur Vorbereitung kann man 14 Tage vorher Kompost einbringen und mulchen. Rettich schätzt auch Kalium (Holzasche).

- Botanischer Name: *Raphanus sativus* var. *niger*
- Familie: Kreuzblütler
- Lebensdauer: zweijährig
- Gemüsekategorie:

Wahl des Standortes

- Lage:
- Wuchshöhe: 40 cm
- Boden: tief, locker und dräniert, frisch und humusreich

Anzahl und Pflanzraster

12

8 cm

15 cm

Belegung der Parzelle

4 bis 7 Monate (bei Aussaat)

Fruchtwechsel

3 Jahre

Aussaat oder Jungpflanze?

Aussaat ist die einzige Möglichkeit. Legen Sie die relativ dicken Samenkörner ganz einfach in die Saatmulde. Im Sommer ist direkte Sonne zu meiden und auf ausreichende Bodenfrische zu achten.

Meine Planungsidee

Platzoptimierung: Man sät im August nach und nach in der Parzelle Rettich aus, wo man zuvor die ersten drei Salatköpfe geerntet hat (einen in der Mitte und zwei weitere an der Seite). Die zweite Runde sät man, wenn die beiden letzten Salatköpfe weg sind. Rettich gehört zu einer anderen Familie und Kategorie als Blattsalate. Die Samen profitieren vom Wasser, das die Salate bekommen haben.

1
2
3
4
5
6
7

Aussaat

1 Den 1 oder 2 Wochen zuvor zur Humusanreicherung ausgebrachten Mulch aus organischen Stoffen entfernen.

2 Die Parzelle hacken, jäten und alle Steine entfernen, damit den künftig dicken Wurzeln keine Steine im Weg liegen. Die Erde muss tief sein. Ist der Boden verdichtet, mit der Grabgabel auflockern.

3 Nach dem Pflanzraster in den angegebenen Abständen zwölf 2 cm tiefe Mulden graben.

4 In jede Mulde vier Samenkörner geben.

5 Vorsichtig mit Erde bedecken und diese festdrücken.

6 Kompost über die ganze Parzelle verteilen und den Boden glätten.

7 Mit der feinen Brause gießen.

Benötigtes Material
– Reifer Kompost

Wichtiger Hinweis
Keinen frischen Mist verwenden.

Pflege

Ausdünnen
An jeder der zwölf Pflanzstellen lässt man nur das schönste Exemplar stehen und zieht die zu zarten heraus. Rettich kann man nicht umpflanzen.

Hacken und Gießen
Unerwünschte Pflanzen müssen entfernt werden, damit sich nicht zu dichtes Blattwerk und Pflanzenerkrankungen entwickeln. Das Hacken gewährleistet auch, dass die regelmäßige Bewässerung während des gesamten Anbaus gut in die Erde dringt. So geht die Saat schön auf und die Rettiche werden nicht hohl oder geschmacklich zu scharf.

Kälteschutz
Zu Beginn des Winters deckt man mit einer dicken Schicht dürren Laubes ab. Bei zu strenger Kälte halten sich die Rettiche nicht in tief gefrorener Erde und müssen geerntet werden.

Ernte und Lagerung

Die Rettiche fest an den Blättern packen und aus dem Boden ziehen, evtl. mit Hilfe einer Schaufel oder einem Unkrautstecher. Sie sind reif, sobald sie sich aus der Erde lösen und den für die Sorte gewünschten Durchmesser erreicht haben. Zur Staffelung der Ernte kann man sie mehrere Wochen im Boden lassen. Generell werden sie bis zum ersten Frost geerntet und dann kühl auf Sand gelagert. Zum Verzehr entfernt man Blätter und Schale. Das Fleisch genießt man als Salat oder gekocht wie Speiserüben.

Rote Bete

- Botanischer Name: *Beta vulgaris* subsp. *vulgaris*
- Familie: Gänsefußgewächse
- Lebensdauer: zweijährig; jedoch einjährig angebaut
- Kategorie des Gemüses:

Wahl des Standortes
- Standort:
- Wuchshöhe: 40 cm
- Boden: leicht und durchlässig frisch und humos

Anzahl und Pflanzraster

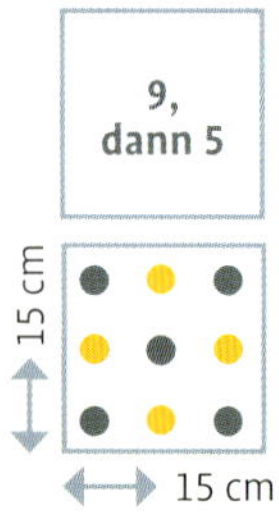

Belegung der Parzelle
4 bis 5 Monate (bei Aussaat)

Fruchtwechsel
3 Jahre

Rote Bete und Mangold (siehe Seite 115) gehören derselben Pflanzenart (Spezies), doch unterschiedlichen Subspezies an. Bei der Roten Bete verzehrt man die farbige, fleischige Rübe. Ihre jungen Blätter kann man ebenso essen wie die der Verwandten. Die Aussaat ist einfach, Pflege fällt kaum an und der Ertrag in der Quadratparzelle ist gut. Man kann bis in den Herbst hinein zweimal ernten.

Planung

Rote Bete kann in jeder Parzelle gesteckt werden. Sie ist allen anderen Gemüsearten eine gute Nachbarin. Gerne steht sie in der Sonne, kommt aber auch in einer halbschattigen Parzelle gut zurecht.

Man kann zwei Parzellen für die Rüben vorsehen. Wenn man die Sämlinge vereinzelt, setzt man die herausgenommenen Pflänzchen in eine zweite Parzelle.

Aussaat oder Jungpflanze?

Die Aussaat gelingt leicht. Die relativ großen Samen können einzeln gelegt werden und eignen sich besonders, um Kindern den Gemüseanbau nahezubringen, weil man ein großes rundes Gemüse aus der Erde wachsen sieht. Man treibt die Pflanzen geschützt einzeln in Töpfchen vor und pflanzt sie 1 bis 1½ Monate später mit der Erde aus, in der sie aufgegangen sind. So wachsen sie optimal an. Es werden aber auch Jungpflanzen im Handel angeboten.

Meine Planungsidee

Rote Bete eignet sich bestens zur Unterpflanzung (siehe Foto rechts), vor einem Rankgitter für eine Salat- oder Einmachgurke. Die Rübe ist erntereif, bevor die Blätter der Gurken völlig ausgebildet sind. Dadurch machen sie sich keinerlei Konkurrenz. Nach der Ernte im August setze ich an dieselbe Stelle zwei Pflanzen Grünen Salat. Dann lasse ich die Parzelle brach, weil Rote Bete ein Starkzehrer ist.

Aussaat

1 Die gesamte Parzelle ordentlich durchhacken, jäten, Steine absammeln und das Substrat zerbröseln.

2 Boden ebnen und neun kleine Mulden von 2 cm Tiefe im Abstand von 15 cm graben.

3 In jeder Mulde drei bis vier Samenkörner der Roten Bete auslegen.

4 Mit Erde bedecken und mit der flachen Hand andrücken.

5 Vorsichtig mit der Gießkanne wässern (Brause aufstecken), sodass die Samen angefeuchtet werden.

Merkzettel:
Die Rote Bete, die auf dem Pflanzraster mit gelbem Punkt ● markiert ist, wird zuerst geerntet und macht so den Anderen Platz zum Wachsen. Die Rüben sollten im Abstand von 25 cm stehen und in eine Parzelle von 30 × 30 cm passen, also nicht mehr als 5 Pflanzen.

Gärtnertipp

Die Parzelle vorbereiten

Unerwünschte Pflanzen (Unkraut) entziehen dem Boden zu ungunsten der Gemüsepflanzen die Nährstoffe. Manche bilden auch ein tiefes Wurzelwerk. Man muss also alle herausreißen, die in der für den Anbau vorgesehene Parzelle aufgelaufen sind, insbesondere wenn man Sämlinge darin kultiviert. Diese sind zart und vertragen keine Störung durch andere Pflanzen oder das Jäten.
Steine werden ebenfalls entfernt, vor allem bei Kulturen, deren Wurzelwuchs keine Hindernisse duldet, darunter Rote Bete, Karotten, Radieschen.
Das Substrat der Parzelle wird zerbröselt und geebnet, damit das Regenwasser gut eindringen kann.

Pflege

Vereinzeln
Sobald die Jungpflanzen vier oder fünf Blätter haben **1**, lässt man pro Pflanzloch nur die kräftigste stehen. Die anderen werden herausgezogen und in eine zweite Parzelle umgepflanzt. Sie wachsen langsamer, doch auf diese Weise staffelt man die Ernte.

Schnitt der Blätter
Wenn die Blätter zu stark auf die Nachbarparzellen herabhängen, müssen sie geschnitten werden. Aber zum Glück kann man sie ja direkt verzehren! Der Schnitt oberhalb der Wurzel hat keinen Einfluss auf die weitere Entwicklung der Pflanze, wenn man nicht gerade die Pflanze dabei herausreißt. Weitere Blätter wachsen nach.

Gießen
Wässern Sie regelmäßig vom Zeitpunkt der Aussaat an, damit die Pflanze keimt und der Boden frisch bleibt. Zu starke Nässe verträgt die Rote Bete aber nicht. Gleiches gilt für Trockenheit, sie stört das Wachstum, die Frucht wird faserig und die Pflanze setzt Blüten an.

Hacken und Jäten
Dadurch wird der Boden gelockert und nichts stört die Wurzeln beim Wachsen **2**.

Düngen
Dies ist bei einem im März aufbereiteten Boden gewöhnlich nicht nötig (siehe Seite 45). Sollten die Pflanzen Mangelerscheinungen zeigen, kann ein kaliumhaltiger Dünger ausgebracht werden. Es empfiehlt sich die Blattdüngung mit Schachtelhalmabsud (Seite 110).

Ernte und Lagerung

Die erste Rote Bete **3** wird etwa 2½ bis 3 Monate nach der Saat geerntet, sobald die Rüben einen Durchmesser von etwa 8 cm haben. Man zieht sie am Blattwerk heraus. Je kleiner sie sind, desto zarter und saftiger fallen sie aus. Die letzten Rüben werden im Oktober geerntet.

Man verzehrt die geschälten Wurzeln roh oder gekocht, die jungen Blätter isst man im Salat oder in Butter geschwenkt.

Für den Winter kann das Gemüse eingemacht oder trocken in Sand gebettet eingelagert werden.

Kleingarten und Balkon
Diese Art gedeiht gut in Pflanzkübeln mit humushaltiger Qualitätsblumenerde.

Rucola

Ihr ausgeprägter Geschmack ist einfach köstlich, was ihr wahrscheinlich den Ruf als Aphrodisiakum und ein Anbauverbot in Klostergärten eingebracht hat. Im Quadratanbau ist Rucola (Rauke) eine der am einfachsten anzubauenden, frühesten und spätesten Gaumenfreuden. Eine Parzelle ergibt mehrere aufeinanderfolgende Ernten für zwei und mehr Personen.

- Botanischer Name: *Eruca sativa*
- Familie: Kreuzblütler
- Lebensdauer: ein- oder mehrjährig
- Gemüsekategorie:

Wahl des Standortes

- Lage:
- Wuchshöhe: 20–30 cm
- Boden: fruchtbar und dräniert, frisch und humusreich

Anzahl und Pflanzraster

breit-würfig

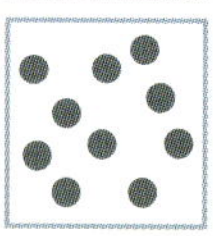

Belegung der Parzelle
2 Monate (bei Aussaat)

Fruchtwechsel
3 Jahre

Planung

Noch ein „Joker-Gemüse“: Nach Verplanung der anspruchsvollsten Kulturen setzt man den Rucola in eine der noch übrig gebliebenen, eventuell auch schattigen Parzellen.

Er braucht humusreiche und gut dränierte Erde, zu trockenen Boden oder Staunässe verträgt er nicht.

Aussaat

1 Die Parzelle hacken und jäten, da man bei breitwürfiger Saat das Unkraut später nicht mehr entfernen kann.

Rucola schätzt wasserdurchlässige Böden. Wenn der Boden gegen Ende der Saison durch mehrere aufeinanderfolgende Kulturen verdichtet ist, kann man ihn mit einer Grabgabel auflockern.

2 Die Parzelle ebnen und eine 1 cm dicke Schicht Erde beiseiteschieben.

3 Die Samen mit großzügiger Handbewegung breitwürfig aussäen, gut verteilt und nicht zu dicht.

4 Die Samenkörner dünn bedecken, indem man die zuvor beiseitegeschobene Erde darüber krümelt.

5 Die Erde leicht mit der Hand andrücken.

6 Mit feiner Brause gießen.

Aussaat oder Jungpflanze

Aussaat ist die einzige Möglichkeit. Das Saatgut ist sehr fein und wird breitwürfig nach althergebrachter Art verteilt. Von April bis Mai ist die Saat durch Hauben zu schützen.

Pflege

Gießen und Düngen
Rucola benötigt wenig Pflege, nur ganz regelmäßiges Gießen, um den Boden frisch zu halten – zunächst mit der feinen Brause, wenn der Samen aufgeht, dann mit Wasserstrahl. Bei Wassermangel schießt er sehr schnell in Samen. Im Laufe des Sommers ist eine Stickstoffgabe (Brennnesseljauche oder ausgewogener Dünger) zu empfehlen.

Ernte und Lagerung

Man erntet Rucola nach Bedarf, indem man die gewünschte Menge mit einer Schere abschneidet. Drei Ernten in Folge sind möglich. Danach werden die Blätter dicker, härter und im Geschmack schärfer.

Rucola wird als Salat allein oder zusammen mit Blattsalat gegessen oder in einer Suppe. Auch die Blüten sind essbar, ebenso die als Gewürz verwendeten Samenkörner.

Grüner Salat

- Botanischer Name: *Lactuca sativa*, in Sorten
- Familie: Korbblütler
- Lebensdauer: einjährig
- Kategorie des Gemüses:

Wahl des Standortes

- Standort:
- Wuchshöhe: 20 cm
- Boden: leicht und locker, frisch und humos

Anzahl und Pflanzraster

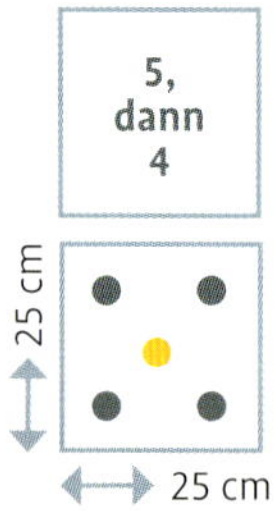

Belegung der Parzelle

1 bis 5 Monate

Fruchtwechsel

Nicht nötig (da mehrmals im Jahr mit anderen Kulturen abgewechselt wird)

Welche eine Vielfalt bei diesem leicht kultivierbaren Gemüse, das zu je fünf Pflanzen eine Parzelle füllt: Kopfsalat im Sommer, Romana-Salate im Frühling und Herbst/Winter; dazu kommt Schnittsalat im Frühling und Sommer, z. B. Eichblatt-Salat und Frisée-Salate zum Schneiden. Es gibt sie grün oder rot, glatt oder wellig, zart oder etwas fester und fleischig – doch alle knabberfrisch!

Zeit zur …	Winter			Frühling			Sommer			Herbst		
	J	F	M	A	M	J	J	A	S	O	N	D
Aussaat im Gewächshaus/Frühbeet		x	x	x	x	x	x	x	x			
Auspflanzen im Freiland				x	x	x	x	x	x	x		
Ernte	x	x	x	x	x	x	x	x	x	x	x	x

Planung

Außer einem humosen Boden stellt Salat kaum Ansprüche. Zusammen mit den Radieschen ist er der Joker im Planungsspiel, da er auf jeder freien Parzelle, auch im Schatten, angebaut werden kann.

Die mittlere Parzelle zählt nicht zu den geeigneten. Das liegt nicht an der Pflanze, sondern am Gärtner oder der Gärtnerin, weil Salat regelmäßige Pflege wie das Hacken braucht.

Letztlich sollte man darauf achten, dass Parzellennachbarn wie Kohl oder Bohnen den Salat nicht stören.

Aussaat oder Jungpflanze?

Die Keimtemperatur liegt bei 5 °C. Man kann den Salat also schon früh in einer Gartenecke in einem Anzuchtbeet unter Glas säen, um ihn vor gefräßigen Schnecken und später der Sommerhitze zu schützen, die das Keimen erschwert. Es bedarf eines gewissen Managements, um die Sorten zu säen, die für die jeweilige Saison am besten geeignet sind. Am einfachsten ist es daher, sich Jungpflanzen in den Gärtnereien zu kaufen und dann verschiedene Sorten zu verkosten.

Meine Planungsidee

Ganz einfach und effizient: Ich setze Salat und Radieschen auf einer Parzelle nacheinander und das zweimal. Sie gehören verschiedenen Pflanzenfamilien an und verschiedenen Kategorien – „Blatt“ und „Wurzel“, zudem zehren sie kaum am Substrat. Man muss mindestens vier Parzellen einplanen, je Monat zwei, um immer Salat zur Verfügung zu haben (und gleichzeitig Radieschen).
Ab August unterbreche ich diesen Rotationszyklus für eine Winterkultur. Gewöhnlich wähle ich dazu Kohl oder Lauch.

1
2
3
4
5
6
7
8
9

Pflanzung

1 Parzelle hacken. Knettest (siehe Seite 52) machen und nötigenfalls reifen Kompost untergraben.

2 Jäten, Erde zerkrümeln und Parzelle einebnen.

3 Salatpflänzchen ohne Topf wässern, dabei darauf achten, dass der Wurzelballen nicht auseinanderbricht.

4 Gemäß Pflanzraster setzen: Zu den Nachbarparzellen mit den Pflanzen 10 cm Abstand einhalten, die anderen 5 cm entfernt vom Weg setzen, damit sie sich auf den Weg ausbreiten können. Für jede Pflanze ein Loch in der Größe des Ballens ausheben.

5 Ins Pflanzloch senken, Erde zusammenschieben und rundum gut andrücken. Das geschieht mit einer Hand, während die andere das Blattwerk hält. Die Erde darf nicht zwischen die Blätter gelangen, nur an die Basis.

6 Eine kleine Gießmulde bilden. Das Wasser sickert hier in den Boden und sollte sich nicht ansammeln. Sonst faulen die Blätter.

7 Mit dem Strahl gießen. Darauf achten, dass die Jungpflanzen nicht nass werden.

8 und **9** Die Parzelle mit Stroh abdecken und eine umgedrehte Gemüsekiste zum Schutz vor starker Sonne aufstellen (siehe „Gärtnertipp", Seite 185) oder ein Mini-Gewächshaus gegen Kälte darüberstellen.

Kleingarten und Balkon

Schnittsalate, die in der Tiefe mit wenig Boden auskommen (20 cm genügen), eignen sich zum Anbau in Pflanzkübeln, wenn man sie den Sommer über etwas düngt und das Gießen nicht vergisst. Es gibt Mischungen verschiedener Sorten (gemischter Pflücksalat) im Handel.

Gärtnertipp

Pflanzvorbereitung mit Ballen oder wurzelnackt

Das Auspflanzen ins Freiland darf für die Jungpflanzen, die im Treibhaus unter idealen Bedingungen gewachsen sind, kein Schock werden.

Pflänzchen mit Ballen
Gewerbliche Gartenbaubetriebe ziehen die Pflanzen in Schalen. Die Anzuchterde ist in Stücke geschnitten, um die Pflanzen zu vereinzeln, doch die Wurzeln wachsen etwas ineinander. Vorsichtig werden die Pflanzen dann getrennt, ohne den Mini-Ballen zu zerstören, in dem sie getrieben wurden. Der Ballen wird ins Wasser getaucht, insbesondere wenn er ausgetrocknet war, und vorsichtig gelockert, damit die Wurzeln sich frei entfalten können. Auf diese Weise kann die Pflanze besser am neuen Standort anwurzeln.

Wurzelnackte Pflänzchen
Die Wurzeln werden etwa auf die halbe Länge eingekürzt, um das Wachstum anzuregen. Man kann sie mit einer Paste aus Algenpulver (*Lithothamnium*) und Wasser „ummanteln", also darin eintauchen.

In beiden Fällen ist darauf zu achten, dass die Erde in der Parzelle fein zerbröselt ist, die Pflanzenwurzeln vollständig mit Erde umgeben sind und schließlich reichlich gegossen wird.

Pflege

Hacken und Gießen

Um den Boden locker und frisch zu halten, kommt regelmäßiges Hacken 1 zum Gießen hinzu. Letzteres geschieht mit dem Strahl am Fuß der Pflanze – niemals über die Blätter. Nicht ausreichend gegossener Salat schießt rasch in die Blüte, manche Sorten entwickeln keinen Kopf, die Blätter der Schnittsalate büßen die Zartheit ein und werden ledrig.

Beetbedeckung

Sie ist zwingend erforderlich, um den Boden im Sommer frisch zu halten und im Herbst vor Kälte zu schützen. Der Fuß der Pflanze muss von der Beetbedeckung freigehalten werden. Stroh, Heu und Rasenschnittgut eignen sich gleichermaßen. Farnwedel haben den Vorteil, dass sie Schnecken fernhalten, und sind darum für die Jungpflanzen günstig. Ab Oktober kann man auch Laub verwenden.

Düngung

Im Juli ist oftmals eine Düngung nötig, sofern auf der Parzelle nacheinander schon mehrere Kulturen standen. Man kann einen ausgewogenen, langsam verfügbaren Dünger verwenden oder mit Brennnesseljauche gießen. Das wird im September/Oktober für die Herbst- und Winterkulturen wiederholt.

Kälteschutz

Die Wintersorten brauchen Kälteschutz: Ein Miniatur-Gewächshaus auf der Parzelle 2 oder über dem gesamten Quadratbeet ergänzt die Bodenbedeckung. Bei starkem Frost verwendet man zusätzliche Hilfsmittel wie Papier oder Luftpolsterfolie. Alles wird regelmäßig gelüftet.

Ernte und Lagerung

Die Ernte beginnt etwa 1 Monat nach der Pflanzung. Der mittlere Kopfsalat wird zuerst geerntet, damit die anderen vier mehr Platz zum Wachsen haben.

Kopfsalate mit dichten, runden Köpfen werden mit dem Messer direkt über dem Boden abgeschnitten 3. Gelbe Blätter werden entfernt und auf den Kompost geworfen, ebenso die Wurzel, nachdem man sie ausgegraben hat.

Pflück- oder Schnittsalat wird nach Bedarf geerntet, solange die Blätter jung und zart sind. Man fängt von außen an und zuletzt erntet man das Salatherz. Wenn der Salat schießt, kann man die unteren Blätter sowie alle Blätter entlang des Stängels mit dem Blütenstand noch ernten und verzehren, obwohl sie nicht mehr so zart sind.

Salat wird roh oder gegart, wie im Rezept „Gemüse nach Gärtnerart“, verzehrt.

Sauerampfer

- Botanischer Name: *Rumex acetosa*
- Familie: Knöterichgewächse
- Lebensdauer: mehrjährig
- Gemüsekategorie:

Wahl des Standortes
- Lage:
- Wuchshöhe: 30–50 cm
- Boden: leicht, frisch und humusreich

Anzahl und Pflanzraster

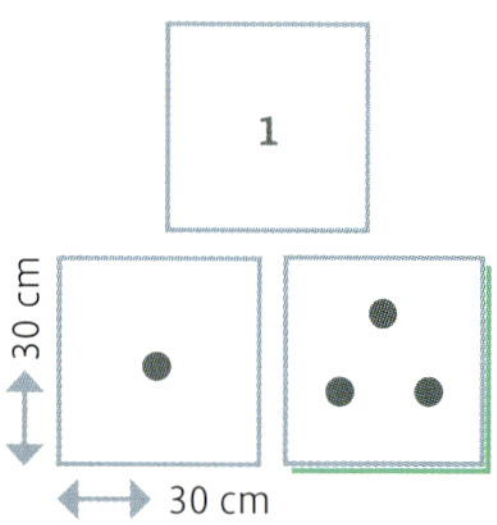

Belegung der Parzelle
Mehrjährig

Fruchtwechsel
4 Jahre

Diese mehrjährige Pflanze wird für längere Zeit (4 Jahre) in eine Parzelle gesetzt und ist das ganze Jahr über ertragreich. Sauerampfer hat einen säuerlichen Geschmack und ist zugleich Gemüse und Gewürz. Er wird in Gerichten mit anderen Gemüsen verwendet, z. B. Salaten oder Suppen.

Zeit zur …	Winter			Frühling			Sommer			Herbst		
	J	F	M	A	M	J	J	A	S	O	N	D
Aussaat innen			x	x	x	x						
Pflanzung					x	x	x	x	x			
Ernte	x	x	x	x	x	x	x	x	x	x	x	x

Planung

Wichtig für die Planung ist, dass der Sauerampfer über mehrere Jahre am Platz bleibt. Er verträgt schattige Lagen gut und kann in einer der Sonne am wenigsten ausgesetzten Parzellen angepflanzt werden, sodass die anderen für anspruchsvollere Gemüse freibleiben.

Sauerampfer braucht nicht viel Pflege und kann als eine einzelne Pflanze gut die mittlere Parzelle besetzen. Außerdem ist er der einzige Vertreter dieser Familie, der in Parzellen angebaut wird. Daher stört er die Planung von Nachbarkulturen nicht.

Bei drei Pflanzen kann man nur die Eckparzelle wählen und muss sie regelmäßig ernten oder abschneiden, damit sie ihre Nachbarn nicht stören.

Aussaat oder Jungpflanze

Bei einer oder drei Pflanzen lohnt eine Aussaat nicht. Am besten besorgt man sich eine Pflanze beim Bio-Gärtner. Man kann den Sauerampfer spät im Jahr bis Mitte September pflanzen und schon früh im nächsten Jahr den ersten ernten.

Meine Planungsidee

Hier sitzt der Sauerampfer (siehe nebenstehende Fotos) hinter einem Gitter, an dem die Gurkenpflanzen ranken, die ihm im Sommer Schatten spenden.

Pflanzung

1 Ein gut 20 cm tiefes und breites Loch in einer zuvor tief gehackten und gejäteten Parzelle graben. Der Sauerampfer mag leichten Boden wie zu Saisonbeginn, später muss man ihn evtl. mit einer Grabgabel auflockern.

2 Großzügig reifen Kompost (oder Humus) verteilen und mit der Erde mischen. Wahlweise eine Handvoll Brennnesseln dazugeben. Reichlich gießen.

3 Den Ballen in Wasser tauchen und vorsichtig austopfen.

4 Die Pflanze in die humusreiche Erde setzen, das Loch zuschieben und ringsum eine Gießrinne anlegen.

5 und 6 Mit Strahl gießen und mit reifem Kompost und einer dicken Schicht Mulch bedecken, dabei die Gießrinne freilassen.

Benötigtes Material

- Reifer Kompost oder Humus
- Alternativ: eine Handvoll Brennnesseln
- Mulch

Kleingarten und Balkon

Diese Gewürzpflanze kann man durchaus in einem 40 cm tiefen Blumenkübel halten, wobei dann jedes Jahr oberflächlich Humus und ein stickstoffreicher Dünger einzubringen ist.

Pflege

Gießen und Mulchen
Das eine geht nicht ohne das andere. Der Sauerampfer schätzt frischen Boden. Gegossen wird mit Strahl nach Bedarf, bevor der Boden zu stark austrocknet, aber auch nicht übermäßig. Zum Mulchen eignen sich besonders gut gehäckselte Zweige, ansonsten Rasenschnitt oder Klee.

Einbringen von Kompost
Die Kultur bleibt lange Zeit am gleichen Platz. Jedes Jahr sollte man deshalb zu Saisonbeginn und im Herbst organische Stoffe auf die Oberfläche der Parzelle aufbringen und dann mulchen. So werden Bodenorganismen und Fruchtbarkeit erhalten.

Düngung
Im Frühjahr und im August empfiehlt sich das Gießen mit Brennnesseljauche. Alternativ kann Stickstoffdünger ausgebracht werden. Bei Blattlausbefall ist die Düngung aufzuschieben.

In Maries Gemüsegarten

Sauerampferblätter sowie Wegerich sind für mich sehr nützlich, um Brennnesselstiche zu lindern.

Schnitt der Blütenstängel und Teilen der Stauden
Eine Sauerampferpflanze trägt entweder nur männliche oder nur weibliche Blüten. Um die Pflanze nicht unnötig zu erschöpfen (sie wird nicht befruchtet), müssen die Blütenstängel abgeschnitten werden. Alle 4 Jahre sollten Sie die Staude im März/April ausgraben, teilen und nur die kräftigsten Teilstücke behalten.

Ernte und Lagerung

Man schneidet die benötigte Menge an Blättern mit einem Messer oder einer Schere ab – die äußeren Blätter des Büschels zuerst. Verbrauchen Sie die Blätter schnell, da sie sich nicht lange frisch halten.

„Königsalleen“
Mitten im Sommer (auf diesem Foto Anfang August) nehmen die Kulturen auch die breiten Wege in Beschlag. Den Gärtnerinnen und Gärtnern bleibt dennoch genug Platz zu arbeiten oder spazieren zu gehen. Der Grasbewuchs dient nach dem Schnitt als Mulch für die Parzellen.

Schnittlauch

Die Aussaat dieser mehrjährigen Pflanze ist einfach und erfolgt ab April. Sie können dem Schnittlauch eine ganze Parzelle geben, im ersten Jahr kultivieren Sie am besten neun Büschel, später wird auf fünf reduziert, wenn die Pflanzen breiter werden. Sie können ihn auch mit Petersilie kombinieren, weil beide denselben Boden, dieselbe Pflege und regelmäßiges Gießen brauchen. Bei Bedarf werden die röhrenförmigen Blätter jederzeit bis zum Einsetzen des Frostes geerntet. Ein Vorrat hält sich tiefgekühlt. Die Blüten zieren Salate.

- Botanischer Name: *Allium schoenoprasum*
- Familie: Lauchgewächse
- Lebensdauer: mehrjährig
- Kategorie des Gemüses:

Wahl des Standortes
- Standort:
- Wuchshöhe: 30–40 cm
- Boden: locker und wasserdurchlässig, frisch und humos

Anzahl und Pflanzraster

9, dann 5

15 cm

15 cm

Belegung der Parzelle
Mehrjährig

Fruchtwechsel
3 Jahre

Staudensellerie

Staudensellerie ist auch als Bleich-, Stangen- oder Stielsellerie bekannt. Die beiden letzten Namen verweisen auf den Teil der Pflanze, den man erntet – Blätter und Stiel im Unterschied zum Knollensellerie. Er ist sowohl Gemüse als auch Gewürzkraut und eine geschätzte Pflanze im Gemüsegarten, da man ihn bis in den frühen Winter hinein ernten und bevorraten kann. Außerdem gelingt der Anbau leicht.

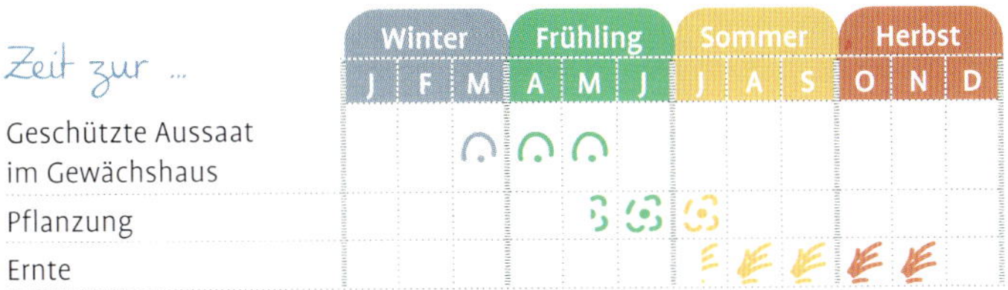

Planung

Staudensellerie verträgt Schatten, er kann also beispielsweise hinter Stangenbohnen oder Tomaten stehen. Man sucht daher seinen Platz dann aus, wenn die Sonnenplätze bereits vergeben sind.

Die zentrale Parzelle ist sehr geeignet, da der Staudensellerie kaum Pflege braucht. Das Blattwerk wird abgeschnitten, bevor es die anderen Kulturen stört. Er verträgt sich gut als Nachbar mit den meisten Gemüsen, mit Ausnahme des vor ihm gepflanzten Kohls.

Man sollte die Pflanzung erst ab Mitte Mai, besser Juni, planen. Die jungen Pflanzen sind kälteempfindlich und schießen in die Blüte anstatt sich zu entwickeln, wenn die Temperaturen unter 10 °C fallen.

– Botanischer Name: *Apium graveolens* var. *dulce*
– Familie: Doldenblütler
– Lebensdauer: zweijährig; jedoch einjährig angebaut
– Kategorie des Gemüses:

Wahl des Standortes
– Standort:
– Wuchshöhe: 40–60 cm
– Boden: fruchtbar, locker und wasserdurchlässig, frisch und humos

Anzahl und Pflanzraster

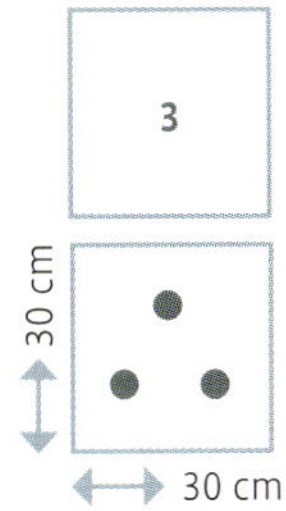

Belegung der Parzelle
6 Monate (bei Jungpflanzen); in mildem Klima zweijährig

Fruchtwechsel
4 Jahre

Aussaat oder Jungpflanze?

Sellerie keimt langsam und zögerlich. Er benötigt viel Licht, eine konstante Temperatur von 15–19 °C und muss mehrfach pikiert werden, damit er kräftig wird. Und weil man zudem in einer Parzelle nur drei Pflanzen setzt, ist der Kauf von Jungpflanzen am einfachsten und sichersten. So bietet sich auch die Möglichkeit, die gewöhnlichen Sorten mit grünem Blattwerk zusammen mit den gelbgoldenen auszuprobieren. Letztere muss nicht gebleicht werden und ist geschmacklich nicht so herb.

Meine Planungsidee

Der Boden der Parzelle muss zu Beginn der Saison gut vorbereitet werden, damit er humushaltig ist. Sollte das nicht der Fall sein, muss die Parzelle mindestens 14 Tage vor dem Bestellen mit Kompost und Mulch aufgebessert werden (siehe Seite 79).
Vor dem Sellerie kann Gründünger zum Binden des Stickstoffs angebaut werden.

Manche Gärtnereien bieten wurzelnackte Selleriepflanzen an. Hier von links nach rechts:
- Grüner Staudensellerie (in Zeitungspapier)
- Goldener Staudensellerie
- Knollensellerie (die kleinen Wurzeln bzw. Rüben sind schon dicker als die der anderen Sorten)

Kleingarten und Balkon

Sellerieanbau gelingt gut in Pflanzkübeln von 40 cm Tiefe mit qualitativ hochwertiger Pflanzenerde (reich an organischen Stoffen) und bei regelmäßiger Bewässerung. Das glänzende Blattwerk ist dekorativ und ein Staudensellerie kann mit blühenden, herabhängenden Einjährigen wie Petunien kombiniert werden.

Botanische Beobachtungen

Ständig fallen bei der Gärtnerei die Ähnlichkeiten von Pflanzen ins Auge. Ähneln die Blätter des Staudenselleries nicht irgendwie der Glatten Petersilie? Ja natürlich, beide gehören zur Familie der Doldenblütler (Apiaceae). Doch die Verwandtschaft ist so weit entfernt, dass unerwünschte Insekten sich nicht über das identische Blattwerk hermachen. Bei dieser Selleriesorte verzehrt man die Blätter und ihre langen, gerippten Stiele, die „Stangen". Ebenso ist es bei Mangold mit seinen fleischigen Stielen.

Benötigtes Material
- Reifer Kompost
- Mulch (z. B. Stroh)

Platz für alle!

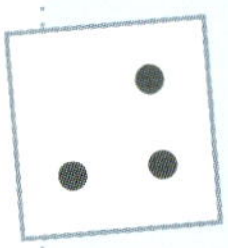

Wie bei dem im Bild gezeigten Beispiel sollte man nicht zögern, das Pflanzraster zu modifizieren – unter Berücksichtigung der für die Pflanzen nötigen Mindestabstände. Daher gibt es in einem Quadratbeet keine toten Ecken, ein Gemüse oder eine Blume findet dort immer Platz, z. B. Tagetes vor einem Tomatenstock (Seite 174). Um die Fläche optimal zu nutzen, sät und pflanzt man nah am Rand. Wenn die Pflanzen wachsen, ragen die Blätter in den Weg, ihre Wurzeln breiten sich in der Parzelle aus. Aber man hält mit den Kulturen einen Abstand von durchschnittlich 10 cm zur Nachbarparzelle ein, damit die Wurzeln nicht konkurrieren.

Pflanzung (siehe vorige Seite)

1 Den Boden mit der Grabgabel tief lockern und drei 15 cm tiefe Pflanzlöcher ausheben. Die Ausschnittfotos zeigen die Ecke eines Beetes mit zwei Pflanzen am Rand und einer dritten in der Ecke, passend zu nebenstehendem Pflanzraster.

2 Kompost zugeben und gut mit der Erde in den Pflanzlöchern vermischen.

3 Gut wässern, damit ein feuchtes Substrat entsteht.

4 Die Hauptwurzel um die Hälfte zurückschneiden, das restliche Wurzelwerk um zwei Drittel, die Blätter leicht kappen, um das Wachstum der Pflanze anzuregen.

5 Jede Selleriestaude in ein Pflanzloch stecken, mit Erde so auffüllen, dass die Wurzeln komplett umgeben sind. Die Pflanzen senkrecht und auf Abstand andrücken.

6 Eine Schicht Kompost verteilen und die Parzelle mit Stroh abdecken, dabei um die Pflanzen herum eine Lücke zum Wässern aussparen. Gießen.

Pflege

Mulchen und Gießen

Der Boden muss permanent frisch gehalten werden, sonst wächst der Sellerie nicht weiter und beginnt zu blühen. Die Stangen werden dann faserig. Eine 4–5 cm dicke Mulchschicht um die Pflanzen sowie die regelmäßige Bewässerung mit der Spritze helfen dabei sehr, vor allem in Phasen der Trockenheit. Als Mulch eigenen sich besonders Rasenschnittgut, Holzhäcksel und Klee.

Düngen

Sellerie liebt nährstoffreiche Böden, daher wird die Parzelle entsprechend vorbereitet (siehe Planungsidee). Das Gießen von Brennnesseljauche Ende Juli und Ende September ist eine gute Ergänzung, wenn die Pflanzen Anzeichen von Mangel zeigen.

Schnitt des Blattwerks

Wie in jedem Gemüsegarten mit Quadratbeeten ist der Blattschnitt nötig, um das Miteinander der Kulturen zu ermöglichen, insbesondere dann, wenn in den Nachbarparzellen eingesät wurde. Das Blattwerk des Staudenselleries sollte das Keimen nicht stören. Und fahl gewordene Blätter sollten ebenfalls entfernt werden.

Bleichen

Ziel dieser Behandlung ist es, dass der Geschmack des Gemüses milder wird. 14 Tage vor der Ernte werden die Blätter zusammengebunden und um die Stangen kommt ein Kragen aus Pappe, der sie vor Licht schützt.

Bleichen der Stangen

Ernte und Lagerung

Die Ernte beginnt 4 bis 5 Monate nach der Saat. Staudensellerie wird nach Bedarf ab Sommer geerntet. Im November, vor dem ersten Frost gräbt man die ganzen Pflanzen aus, denn außer in besonders mildem Klima können sie nicht überwintern. Man bettet sie als Vorrat für die kommenden Monate in Sand oder Erde.

Rohe, zarte Stangen isst man im Salat. Gegart verzehrt man die Stangen zusammen mit den Blättern in Béchamel- oder Tomatensauce, als Gratin oder püriert. Selleriegrün hat einen ausgeprägten Geschmack. Man verwendet es wie die Selleriesamen als Gewürz in Suppen und Saucen.

Gärtnertipp

Den Boden mit der Grabgabel bearbeiten

Die Erde in den Beetquadraten wird zwar nie betreten, dennoch setzt sie sich. Man verwendet die Grabgabel, um zu Beginn der Saison und im Herbst alle freien Parzellen zu lockern und das Substrat zu belüften. Dazu werden die Zähne der Gabel tief in den Boden gesteckt und der Griff des Werkzeugs vor- und zurückbewegt. So wird der Boden angehoben (aber nicht umgegraben) und dadurch belüftet. Man wiederholt den Vorgang so lange, bis die Erde völlig zerkrümelt wirkt. Für jede neue Folgekultur, die lockeren, tiefen Boden braucht, ist dieser Handgriff sinnvoll.

Knollensellerie

- Botanischer Name: *Apium graveolens* var. *rapaceum*
- Familie: Doldenblütler
- Lebensdauer: zweijährig; jedoch einjährig angebaut
- Kategorie des Gemüses:

Wahl des Standortes

- Standort:
- Wuchshöhe: 40–60 cm
- Boden: fruchtbar, locker und wasserdurchlässig, frisch und humos

Anzahl und Pflanzraster

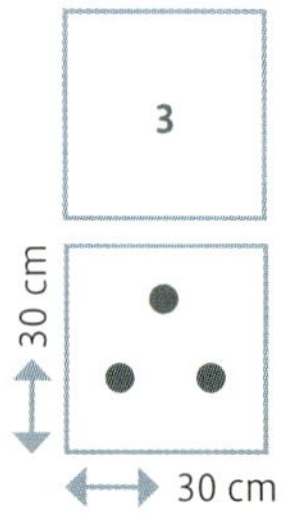

Belegung der Parzelle
4 bis 5 Monate (bei Aussaat)

Fruchtwechsel
3 Jahre

Die Besonderheit bei dieser Selleriesorte ist die Entwicklung einer dicken, essbaren Wurzel – man sagt zwar „Knolle“, aber eigentlich ist es eine Rübe. Ihr Geschmack ist delikat, das Blattwerk hingegen herber als das des Bleichselleries. Bei humushaltigem Boden sollte man dieses Gemüse zur Ernte im Herbst und als Wintervorrat kultivieren. Kalkhaltiges Substrat verträgt die Pflanze aber nicht.

Planung

Knollensellerie ist für die mittlere Parzelle weniger geeignet, weil das Blattwerk breit auseinanderfällt.

Von diesem Unterschied abgesehen, gelten für Knollensellerie dieselben Empfehlungen wie für Stauden- oder Bleichsellerie. Der Boden wird auf gleiche Weise vorbereitet, sie brauchen frische, humose Böden. Beide Sorten stammen von derselben Wildform ab.

Meine Planungsidee

Die Pflanze reagiert empfindlich auf ein Überangebot an Stickstoff. Daher ist vor der Pflanzung eine Gründüngung, die Stickstoff bindet, nicht zu empfehlen, ebenso wenig wie Mulch.

Aussaat oder Jungpflanze

Saat und Keimung verlaufen ebenso langsam und kritisch wie bei Staudensellerie. Es dauert 6 bis 7 Monate von der Aussaat bis zur Ernte. Einfacher ist es, sich bei Pflanzenzuchtbetrieben oder Pflanzgärtnern die kleine Menge Pflanzen zu kaufen, die man für ein Quadratbeet benötigt.

Pflanzung

Die Schritte bei der Pflanzung sind dieselben wie auf Seite 157 und 158 gezeigt. Beim Pflanzen und Andrücken muss man jedoch darauf achten, dass die verdickte Stelle der Wurzel aus der Erde ragt.

Pflege

Mulchen und Gießen

Es gelten ähnliche Empfehlungen wie bei Staudensellerie. Allerdings wässert man weiterhin regelmäßig und als Mulch sollte man weder Klee (zu stickstoffhaltig) noch Holzhäckselgut verwenden. Holzhäcksel sind zu schwer und stören damit das Wurzelwachstum.

Düngen

Nach einer ausgewogenen Düngung der Parzelle im Frühling benötigt diese Kultur keine weitere Düngergabe, gegebenenfalls aber eine Sprühdüngung des Bodens (siehe Seite 110).

Schnitt der Blätter und Wurzelfasern

Der Knollensellerie darf seine Beetnachbarn nicht stören, die überhängenden Blätter werden daher geschnitten. Sobald die Rübe oben einen Durchmesser von etwa 8 cm hat, was je nach Pflanztermin oft Anfang August ist, werden die unteren Blätter und die Wurzelfasern entfernt, damit sich eine schöne, gleichmäßige Wurzel ausbildet.

Ernte und Lagerung

Zum Ernten des Knollenselleries zieht man kräftig am Kraut, um die Wurzel aus der Erde zu heben. Die Stängel werden durch Abdrehen entfernt, die Wurzelfasern auf die gleiche Weise. Nach einigen Stunden des Abtrocknens beseitigt man auch anhaftende Erdreste.

Letzte Ernten erfolgen vor dem ersten Frost im November. Knollensellerie wird kühl, trocken und frostgeschützt in Sand gelagert.

Die Knolle wird geschält, bevor sie roh in Remoulade oder auf vielerlei Arten gegart (in Scheiben, als Püree oder als Gratin) verzehrt wird. Das Grün kann als Suppengewürz verwendet werden, ist aber herb und daher sparsam einzusetzen.

Gärtnertipp

Beim Pflanzen zweimal gießen

Gemüsearten, die einen frischen Boden brauchen, werden doppelt gewässert. Das erste Wässern durchfeuchtet das Pflanzloch und den Rand. Die Pflanze wird dann vorsichtig mit den Wurzeln oder dem Ballen in nassem Substrat platziert. Dann wird das Pflanzloch mit Erde gefüllt. Achten Sie darauf, dass alle Wurzeln oder Ballen gut von Erde umschlossen sind.
Das zweite Wässern (Angießen) erfolgt, sobald das Pflanzloch geschlossen ist und rings um die Jungpflanze eine Furche gezogen wurde, damit das Wasser die oberen Wurzeln erreicht. Eine ausgebrachte Mulchschicht erhält die Frische des Bodens.

Speiserübe

- Botanischer Name: *Brassica rapa*
- Familie: Kreuzblütengewächse
- Lebensdauer: zweijährig; jedoch einjährig angebaut
- Gemüsekategorie:

Wahl des Standortes
- Lage:
- Wuchshöhe: 40 cm
- Boden: leicht und locker, frisch und humusreich

Anzahl und Pflanzraster

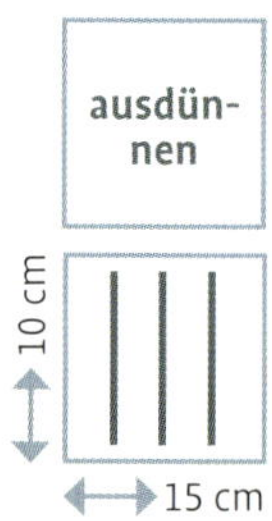

Belegung der Parzelle
3 bis 4 Monate (bei Aussaat)

Fruchtwechsel
3 Jahre

Die Frühjahrs- und Sommersorten gehören zusammen mit den ersten kleinen Erbsen, Zwiebeln, Karotten und Lauch in den berühmten „Gemüsetopf nach Gärtnerart“ und für die Herbstsorten mit ihren Erträgen zum Saisonende gibt es andere Rezepte. Eine Parzelle liefert zehn bis zwölf dieser kleinen auf der Zunge zergehenden Rüben mit ihrem charakteristischen Geschmack.

Zeit zur …	Winter			Frühling			Sommer			Herbst		
	J	F	M	A	M	J	J	A	S	O	N	D
Aussaat im Freiland			x	x	x	x	x	x				
Ernte					x	x	x	x	x	x	x	

Planung

Die Rübenpflanzung ist eine einfach zu planende Kultur zu Saisonbeginn in einer leicht sonnigen Parzelle. Andere Gemüse kann man später zur Beschattung (die die Speiserüben sehr lieben) ab Juni um sie herum setzen. Man sollte keine allzu sonnigen Parzellen vorsehen, da diese ab Mitte Mai für licht- und wärmeliebende Gemüse gebraucht werden.

Im Sommer ist es schwierig, Platz für sie unter all den bereits wachsenden Kreuzblütlern zu finden. Diese stehen zwar kurz vor der Ernte, aber es kann sich doch bis zum Aufgehen der Rüben 14 Tage bis 3 Wochen überschneiden.

Wegen der Pflegearbeiten wie Ausdünnen, Hacken, Gießen sind die mittleren Parzellen in diesem Fall nicht geeignet.

Aussaat oder Jungpflanze?

Die direkte Aussaat ins Freiland ist die einzige Option, da die Speiserüben nicht versetzt werden können. Abgesehen von humusreichem Boden sind sie wenig anspruchsvoll. Die ersten Kultursorten werden von März bis Juni ausgesät und bis Mitte Mai durch eine Abdeckung geschützt. Die sogenannten Herbst-Winter-Sorten werden im Juli/August angelegt.

Meine Planungsidee

Zu Saisonbeginn profitiert diese Kultur von der Vorbereitung des Bodens im März (siehe Seite 45). Ab August sollte man zur Auffrischung der Erde die Parzelle 1 Woche vor der Aussaat mulchen.

Aussaat

1 Den Boden hacken und auf ausreichenden Humusgehalt prüfen, gegebenenfalls Kompost zufügen.

2 Saatschildchen in 15 cm Abstand anbringen und drei 2 cm tiefe Furchen anlegen.

3 5 cm vom Rand beginnend in Abständen von etwa 5 cm ein bis zwei Körner hineinlegen.

4 Mit dem Handrechen Erde darüberschieben und festdrücken, damit die Samen gut von Erde umgeben sind.

5 und **6** Auf jede Furche eine Schicht reifen Kompost oder Humus aufbringen und mit der feinen Brause gießen.

Erforderliches Material
– Reifer Kompost oder Humus

Hinweis
Keinen frischen Mist verwenden.

Gärtnertipp

Gießweise anpassen

Die Brause (oder Gießrose) produziert einen feinen, weichen, für Sämlinge gut geeigneten Regen. Je feiner er ist, desto besser dringt das Wasser in den Boden ein, ohne ihn zu verklumpen, und desto weniger stört er die jungen Triebe. Sind die Kulturen weiter entwickelt, gießt man mit einem Strahl, um das Wasser an die Basis der Pflanzen zu bringen, ohne die Blätter zu benässen. Diese Vorkehrung ist in einem Garten in Quadraten besonders wichtig, da das Gemüse eng beisammen steht. Zu viel Feuchtigkeit auf den Blättern begünstigt das Auftreten von Pflanzenkrankheiten. Indirekte Bewässerung durch ein eingegrabenes Gefäß oder Wasserdepot (Seite 174) ist eine gute Lösung zur Vermeidung solcher Probleme und sorgt für gute Wasserdosierung.

Erdflöhe sind kleine Insekten, die bei Trockenheit die Blätter der Gemüse dieser Familie von Kreuzblütlern (Speiserüben, Radieschen, Kohl) nach und nach durchlöchern. Eine feucht gehaltene Umgebung mögen sie nicht.

Pflege

Ausdünnen, Hacken, Belüften

Haben die Sämlinge bereits mehrere Blätter gebildet, lässt man nur die kräftigsten stehen – eine Pflanze alle 10–15 cm. Schon ab der Aussaat müssen Sie hacken, damit Wasser gleichmäßig in den Boden eindringen kann. So entfernen Sie während der gesamten Anbauphase auch unerwünschte Pflanzen mit ihren zusätzlichen Blättern, um durch gutes Belüften Pilzerkrankungen vorzubeugen.

Gießen

Der Boden muss frisch gehalten werden. Speiserüben fürchten Trockenheit: Die Entwicklung der Knolle wird unterbrochen, sie wird faserig und die Pflanze schießt dann recht schnell in Samen. Beim Aufgehen der Saat gießen Sie mit der Brause, später dann zwischen den Reihen mit dem Strahl, ohne das Blattwerk zu benetzen.

Düngung

Kalium in Form von Holzasche kann etwa 14 Tage vor der ersten Aussaat des Jahres auf die Parzelle aufgebracht werden oder ein reichhaltigerer Dünger dieser Art zu Beginn des Wurzelwachstums. Eine Blattdüngung (siehe Seite 85) 1 Monat nach Aussaat wird ebenfalls empfohlen.

Ernte und Lagerung

Speiserüben sind am zartesten, wenn sie jung und etwa 5–8 cm im Durchmesser sind. Später werden sie faseriger, selbst nach dem Kochen. Bis knapp vor dem ersten Frost kann man sie ernten. Man zieht sie an den Blättern aus dem Boden heraus und füllt das Loch dann wieder mit Erde auf.

Die Rüben werden gekocht, die jungen Blätter als Salat oder auch gekocht verzehrt.

Speiserüben können für den Winter gekocht und tiefgefroren oder auf Sand in einem kühlen Keller gelagert werden.

Wie Knollensellerie und Kohlrabi werden Speiserüben wegen des bauchigen, schmackhaften Teils ihrer Wurzel angebaut. Je nach Sorte haben sie unterschiedliche Farben und Formen sowie unterschiedliche Saat- und Erntetermine (Mairübe, Herbstrübe usw.). Es gibt außerdem die Steck- oder Kohlrübe, dazu kommen noch Futterrüben, die jedoch als Tierfutter dienen.

Nützlinge
Alle nektarreichen Blumen, die zwischen den und um die Gemüsepflanzen stehen, ziehen nützliche Insekten, Bestäuber oder Lebewesen an, die zur Regulierung der Artenvielfalt beitragen. Der Marienkäfer auf einer Sonnenblume ist wertvoll, weil er Blattläuse verspeist.

Spinat

- Botanischer Name: *Spinacia oleracea*
- Familie: Gänsefußgewächse
- Lebensdauer: ein- oder zweijährig
- Kategorie des Gemüses:

Wahl des Standortes
- Standort:
- Wuchshöhe: 20–30 cm
- Boden: tief, frisch und humos

Anzahl und Pflanzraster

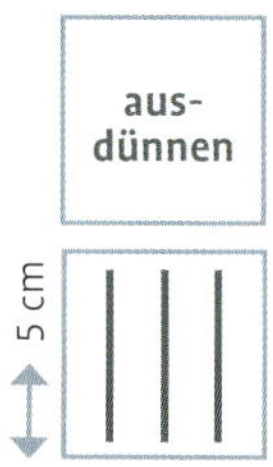

Belegung der Parzelle
4 Monate (einjährig)
bis 8 Monate (zweijährig)

Fruchtwechsel
3 Jahre

Es gibt viele Argumente, die für den Anbau dieses Gemüses im Quadrat sprechen: Spinat gehört zum ersten Grün der Saison und zum letzten, da es einige sogenannte Sommer- und Wintersorten gibt. Auf einer Parzelle gedeiht so viel Spinat, dass zwei Personen genug für einen Salat haben.

Zeit zur …	Winter			Frühling			Sommer			Herbst		
	J	F	M	A	M	J	J	A	S	O	N	D
Aussaat im Freiland			x	x	x			(x)	x			
Ernte	x	x	x	x	x	x	x			x	x	x

Planung

Wählen Sie im März eine sonnige Parzelle aus, denn dort können die Pflanzen gut keimen und wachsen. Kulturen, die später Schatten spenden, dürfen in den Nachbarparzellen stehen. Sie sorgen dafür, dass der Spinat nicht zu schnell ins Kraut schießt.

Im August ist eine schattige Parzelle besser geeignet, um die Keimlinge und Jungpflanzen vor zu starker Hitze zu schützen.

Spinat liebt humose Böden. Sie können sich bei der Planung also nach der Zusammensetzung des Bodens richten.

Nur wenige Gemüse gehören zur Familie der Gänsefußgewächse (Chenopodiaceae). Beim Fruchtwechsel können Sie sich dies zunutze machen, um einen Kreislauf zu durchbrechen und den Boden anzureichern.

In Maries Gemüsegarten

Spinat bindet Stickstoff. Man baut ihn nach Kulturen wie Lauch oder Salat an. Aus dem gleichen Grund nutze ich ihn als Beetbedeckung, wenn er im Sommer Samen bildet.

Kleingarten und Balkon

Spinat findet zu Beginn des Gartenjahres auf freien Flächen im Garten, in Hochbeeten oder Pflanzkübeln Platz. Man erntet ihn im Juni, bevor man einjährige Blumen pflanzt.

Aussaat oder Jungpflanze?

Pflanzen werden im Handel nicht angeboten. Die Aussaat erfolgt in zwei Zeiträumen: März bis Mai bei Bodentemperaturen über 5–7 °C für die einjährigen Kulturen zur Ernte von Mai bis Juli; August und September für die zweijährigen Kulturen zur Ernte im Herbst/Winter sowie zum Frühlingsbeginn im Folgejahr.

Aussaat

1 Boden gut lockern, jäten. Bei Aussaat ab August nutzt man die Grabgabel, damit der Boden tiefgründig aufgelockert und wasserdurchlässig wird, weil der Spinat über den Winter im Freiland steht.

2 Parzelle ebnen, damit das Gießwasser nicht auf die Nachbarparzellen abläuft. Dort stehen eventuell Gemüse, die nicht so viel Wasser brauchen.

3 und **4** Saatschildchen im Abstand von 15 cm aufstellen und drei Rillen von 1–2 cm Tiefe ziehen.

5 Samen möglichst regelmäßig im Abstand von etwa 5 cm aussäen.

6 und **7** Samen mit Erde bedecken und mit der Rückseite des Rechens gut andrücken.

8 und **9** Jede Reihe mit Kompost bedecken und mit der Brause gießen.

Benötigtes Material
– Reifer Kompost

Wissenswert
Der Knet-Test wird gemacht, um zu bestimmen, ob der Boden humushaltig ist. Nötigenfalls reifen Kompost zugeben, jedoch keinesfalls frischen Mist. Damit keimt das Saatgut nicht.

Pflege

Ausdünnen

Eine erste Ernte erfolgt, wenn die Pflanzen etwa 15 cm hoch sind. Man zieht jede zweite Pflanze heraus, so bleibt nur alle 10 cm eine Pflanze stehen.

Wässern und Hacken

Dies geschieht regelmäßig, weil Spinat ein frisches Substrat braucht. Bei Trockenheit schießt er in die Blüte.

Düngung

Zu Beginn der Saison muss kein Dünger ausgebracht werden. Für die Kulturen im Herbst und Winter empfiehlt es sich, im Oktober mit Brennnesseljauche zu gießen oder einen ausgewogenen Dünger zu verteilen.

Beetabdeckung und Kälteschutz

Eine generelle Beetabdeckung ist wegen der dichten Pflanzung nicht sinnvoll. Die im Freiland überwinternden Kulturen vertragen zwar bis zu –7 °C, werden aber trotzdem mit einer dünnen Schicht Laub bedeckt.

Ernte und Lagerung

Die Ernte erfolgt etwa 2 Monate nach der Aussaat, indem man die Blätter über dem Strunk abschneidet. Dadurch wird die Pflanze zu neuem Austrieb angeregt, bis sie zur Blüte kommt. Dann wird sie mit der Wurzel herausgezogen. Spinat kann roh im Salat oder gekocht verzehrt werden. Gegart oder roh kann man ihn tiefgefrieren.

Gärtnertipp

Aussäen

Oben: Saatbänder

Die Aussaat muss sehr hell stehen, sonst werden die Keimlinge lang und dünn. Sie brauchen ein leichtes, feines und permanent feuchtes Substrat, das aber nicht überschwemmt werden sollte. Bedecken Sie die Samenkörnchen mit einer Schicht Erde, die drei- bis viermal so dick ist wie die Samen selbst. Füllen Sie einzelne Anzuchttöpfchen fast bis zum Rand mit Pflanz- oder Anzuchterde.
Manche Gemüse wie Tomaten brauchen eine möglichst gleichmäßige Wärme zum Keimen, weshalb Sie die Pflanzen in Innenräumen vortreiben sollten. Dann werden sie schrittweise akklimatisiert, indem man sie nach draußen stellt, wenn die Temperaturen es erlauben, erst nur am Tag, später auch nachts.
Zur Aussaat im Freiland wäre ein ständig sonniges Frühbeet in einer Gartenecke ideal. Dann könnte man so früh wie möglich aussäen, müsste keine Parzellen damit belegen, die man währenddessen noch mit anderen Pflanzen bestellen könnte, und könnte die Sämlinge vor Fraßschädlingen wie Schnecken schützen.
Diese „warmen Flecken“ bestehen aus einer Fläche mit Mist, die man mit Erde bedeckt. Der Mist erwärmt bei seiner Zersetzung den Boden und den Kasten.

Thymian

Der Kauf einer Pflanze ist anfangs die beste Lösung. Nach 3 bis 4 Jahren kann sie im Herbst geteilt werden. Thymian mag trockenen Lössboden, keinen feuchten oder frischen. Zu starken Frost verträgt er auch nicht, weshalb man ihn mit Ton-Blumentöpfen eingräbt, die im Winter hereingeholt werden. Man erntet die Zweige nach Bedarf zu Anfang der Blüte, trocknet sie und kann sie dann aufbewahren.

- Botanischer Name: *Thymus vulgaris*
- Familie: Lippenblütler
- Lebensdauer: mehrjährig
- Gemüsekategorie:

Wahl des Standortes

- Lage:
- Wuchshöhe: 20–40 cm
- Boden: locker und wasserdurchlässig

Anzahl und Pflanzraster

1

30 cm × 30 cm

Belegung der Parzelle

Mehrjährig

Fruchtwechsel

3 Jahre

Tomate

- Botanischer Name: *Lycopersicon esculentum* var. *esculentum*
- Familie: Nachtschattengewächse
- Lebensdauer: einjährig
- Gemüsekategorie:

Wahl des Standortes
- Lage:
- Wuchshöhe: 1,50–2 m
- Boden: tief und wasserdurchlässig, frisch und humusreich

Anzahl und Pflanzraster

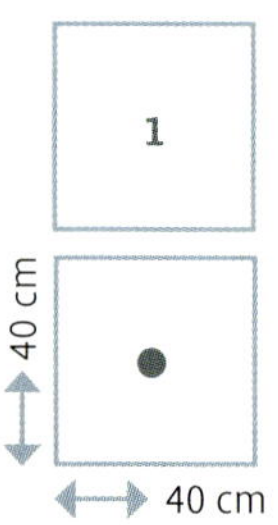

Belegung der Parzelle
5 bis 6 Monate (bei Jungpflanzen)

Fruchtwechsel
4 Jahre

In Frankreich mit dem Beinamen „Wolfspfirsich" belegt, galt die Tomate lange Zeit als giftig (sie stammt aus der Familie der unheilvollen Alraune), bevor sie später dann, als man die geschmacklichen Eigenschaften erkannte, „Liebesapfel" genannt wurde.
Es ist ein Vergnügen, die eigenen Tomaten reifen zu sehen, in ihr festes oder saftiges Fleisch zu beißen und ihren Wohlgeschmack zu genießen. Die Pflanze geizt nicht mit Ertrag, wenn ihr der Standort gefällt. Die unendliche Vielzahl an Sorten eignet sich für den Quadratanbau, wobei eine Pflanze etwa 3 kg Tomaten produziert.

Zeit zur ...	Winter			Frühling			Sommer			Herbst		
	J	F	M	A	M	J	J	A	S	O	N	D
Aussaat im Gewächshaus												
Pflanzung im Freiland												
Ernte												

Planung

Diesen Sonnenanbeter (siehe Seite 34) sieht man nach der Melone für eine der wärmsten Parzellen vor.

Die mittlere Parzelle des Kulturbeetes scheidet aus, da die sehr empfindlichen Pflanzen gut zugänglich sein müssen für regelmäßige und etwas schwierige Pflegearbeiten wie Ausgeizen und Anbinden.

Hat man mehrere Pflanzen, sollte man sie auf verschiedenen Beeten möglichst weit auseinander setzen, um zu verhindern, dass die bei feuchtheißem Wetter durch einen Pilz ausgelöste Kraut- und Braunfäule sich schnell von einer Pflanze auf die andere ausbreitet.

Lichthungrige Pflanzen sollten nicht im Schatten von Tomaten stehen, da manche Sorten 1,80 m oder höher werden.

Meine Planungsidee

Vor den Tomaten Mitte Mai kann man in der Parzelle schnell wachsende, wenig zehrende Kulturen wie Blattsalat, Radieschen oder Rucola setzen.
Nach dem Tomatenanbau lässt man die Parzelle ruhen und mulcht sie mit einer Mischung aus Beinwell- und Kleeblättern.

Aussaat oder Jungpflanze?

Es gibt mehr als 1000 Tomatensorten. Kauft man Pflanzen bei einem Bio-Gärtner, kann man die große Vielfalt an Formen, Farben, Aromen und Strukturen dieses Gemüses kennenlernen. Später kann man selbst Samen gewinnen und drinnen in Töpfen für das nächste Jahr aussäen. Man stellt sie an einen gleichmäßig warmen und sonnigen Platz.

Die Ernte beschleunigen

Jungpflanzen können ab der zweiten Aprilhälfte und Anfang Mai ins Freiland gesetzt werden, wenn der Boden schon gut erwärmt und das Wetter mild ist. Aber Vorsicht bei kalten Nächten und Frösten bis zu den Eisheiligen! Tomaten sind kälteempfindlich und ein Kälteeinbruch kann ihr Wachstum stark bremsen oder sie gehen ganz ein. Daher sollte man Mulch und Schutzhauben vorsehen, aber auch auf regelmäßige Belüftung achten.

Kleingarten und Balkon

Wie im 17. Jahrhundert üblich, kann man Tomaten ohne Bedenken zwischen Zierpflanzen aus anderen Pflanzenfamilien setzen, wobei lediglich auf eine ausreichende Belüftung der Blätter zu achten ist. Die Tomaten sind durchaus für eine Kultur in Töpfen (40 cm tief) geeignet. Man kann sie im Spalier am Balkongeländer mit einer festen Schnur hochbinden oder ohne Spalier in Blumenampeln frei aufhängen.

1
2
3
4
5
6
7
8
9
10
11
12

Pflanzung

1 Den Boden mit einer Grabgabel lockern und belüften. Tomaten bilden ziemlich tiefe Wurzeln. Mulchen und dann etliche Monate nicht hacken.

Unerwünschte Pflanzen ausreißen und die Wurzeln entfernen. Tomaten sind empfindlich und sonstige Vegetation, die ein günstiges Umfeld für das Auftreten von Krankheiten schaffen könnte, ist zu vermeiden.

2 und **3** Ein etwa 20 cm tiefes Loch graben und eine gute Handvoll reifen Kompost einfüllen.

4 Eine Handvoll frische, klein geschnittene Brennnesselblätter dazugeben.

5 Gießen und vermischen, sodass ein Schlamm aus Brennnesseln, Kompost und Erde entsteht.

6 Die Pflanze in Wasser tauchen, bis der Ballen vollständig durchfeuchtet ist. Den Topf etwas zusammendrücken, die Pflanze vorsichtig aus dem Topf nehmen, den empfindlichen Stiel festhalten und darauf achten, dass die Wurzeln nicht beschädigt werden.

7 Die Pflanze in das Loch setzen, sodass sie gut mit dem in Schritt 5 angemischten Schlamm Kontakt hat. Den Ballen mit Erde bedecken, dabei die Pflanze 45° neigen, damit man den Stiel bis zu den untersten Blättern gut bedecken kann.

8 Die Erde um den Stiel mit der Hand wiederholt festdrücken, damit die junge Pflanze gut in der Erde sitzt. Die Pflanze gerade richten.

9 Eine robuste Stange etwa 10 cm entfernt vom Stiel fest in den Boden stecken.

10 Die Pflanze an die Stange anbinden und unten gießen.

10 und **11** Die gesamte Parzelle mulchen, dabei um die Pflanze herum freilassen.

Gärtnertipp

An Stangen anbinden

Die Schnur zuerst um den Stängel binden, und zwar so locker, dass die Pflanze genug Platz zum Wachsen hat. Dann an die Abstützung (Rankhilfe oder Stange) anbinden – ein paar Mal umwickeln und dann erst festknoten. Bast oder Kordeln sind weich, biegsam und ökologisch, da sie biologisch abgebaut werden, wenn man sie im Garten verlieren sollte.

Benötigtes Material
- 1 Stange, mindestens 2 m lang
- Reifer Kompost
- Eine Handvoll Brennnesseln
- Mulch
- Bast

Wissenswert
Anstatt die Brennnesseln in die Erde zu geben, kann man sie später zum Mulchen nehmen. Sie dienen zur Stärkung der Abwehrkräfte der Pflanze (siehe Seite 110).

In Maries Gemüsegarten

Ich setze die Tomaten gerne in die Ecke einer Parzelle (wie in nebenstehendem Foto zu sehen).
So kann ich
- in dieselbe Parzelle Tagetes zur Abwehr von Schadinsekten pflanzen,
- zur Vorbeugung gegen Pflanzenkrankheiten durch ein eingegrabenes Gefäß oder Wasserdepot indirekt bewässern.

Wenn man die Tomate so setzt, muss man sie immer wieder schneiden, um die Entwicklung der Blätter gut zu steuern.

Pflege

Abstützung

Die Tomate wächst normalerweise aufrecht und man muss sie dabei von unten stützen, da sie keine Schlingpflanze ist. Dazu bindet man sie während des Wachstums immer wieder neu an, vorzugsweise mit Bast, und zwar unter den Seitentrieben, wie in den Fotos zu „Gärtnertipp“ Seite 173 gezeigt. Das ist unbedingt nötig, da ihre Früchte sehr schwer werden und die Pflanze sonst abrutschen und abbrechen kann.

Verschiedene Stangen als Stütze

Stangen aus Holz leisten gute Dienste, die aus Kastanie halten mehrere Jahre. Plastikummantelte Metallstangen sind sehr verwendungsfreundlich: Sie haben Rillen, die verhindern, dass die Schnüre abrutschen. Bei anderen Sorten aus Metall muss man den Haupttrieb der Tomate vorsichtig in eine Spirale einflechten. Am Ende der Saison reinigt man die Stangen aus Metall oder Plastik mit Alkohol (siehe Seite 21).

Schnitt und Ausgeizen

Bei den Sorten mit sogenanntem „unbegrenztem“ Wachstum begünstigt man durch diese Arbeiten die Entwicklung der Triebe mit den am schnellsten reifenden und dicksten Früchten. Zum Schnitt gibt es verschiedene Ansichten. Im Quadratanbau mit eingeschränktem Platz hält man sich anfangs am besten nur an einen Haupttrieb mit den sich nach und nach entwickelnden Blättern und Blütenständen. Alle anderen Seitentriebe werden mit der Gartenschere entfernt, unter anderem die Triebe, die unten an der Pflanze kommen. Die aus dem Haupttrieb und dessen Blattachseln gebildeten Geize (Foto oben) sind regelmäßig zu entfernen, da sie recht schnell wachsen und Blüten und Früchte tragen. Sie laugen die Pflanze aus und behindern das Anbinden.

Stecken Sie eine Plastikflasche neben die Tomate in die Erde. Durch diese Art der indirekten Bewässerung durch ein eingegrabenes Gefäß oder Wasserdepot werden die Blätter der Tomate nie benetzt.

Indirekte Bewässerung durch ein eingegrabenes Gefäß oder Wasserdepot

Das ist die beste Methode, um ein zu feuchtes Milieu unten an den Pflanzen zu vermeiden und die Wassermenge zu dosieren. Es gibt keine strenge Regel zur Gießhäufigkeit und -menge, nur dass eine ungenügend gegossene Tomatenpflanze geschwächt und für Krankheiten anfällig wird. Zu viel Feuchtigkeit und unregelmäßiges Bewässern verträgt sie aber ebenfalls nicht. Jeder Gärtner sollte daher ein Gespür für seinen Garten nach Klima sowie Typ und Struktur des Bodens entwickeln.

Entfernen der untersten Blätter

Bis zur Bildung der ersten Früchte braucht die Pflanze die untersten Blätter für die Fotosynthese. Später kann man sie mit der Gartenschere abschneiden und so verhindern, dass sich am Boden ein krankheitsförderndes Milieu bildet.

Mulchpflege
Der Boden um die Tomatenpflanze wird nicht gehackt, um die obersten, dicht unter der Erdoberfläche wachsenden Wurzeln nicht zu beschädigen. Mulchen ist daher unerlässlich, um die Erde locker, dräniert und humusreich zu halten. Der Mulch muss während der gesamten Saison gepflegt werden: Man entfernt ihn, wenn sich Schimmel bildet, oder füllt ihn frisch mit Rasenschnitt, Klee, Beinwell oder Gehölzhäcksel auf.

Tomatenblüten sind zwittrig, sie besitzen sowohl männliche als auch weibliche Fortpflanzungsorgane. Es sind Selbstbestäuber: Der Pollen gelangt durch den Wind oder durch den vom Gärtner verursachten Luftzug von den Staubblättern auf die Narbe.

Düngung
Wenn die Parzelle vor der Tomate bereits kultiviert war, kann man den Boden kurz nach dem Pflanzen durch einen ausgewogenen, langsam wirkenden NPK-Dünger anreichern. Er sollte nicht zu viel Stickstoff enthalten, um die Pflanze nicht zu schwächen. Im Juli nach Bildung mehrerer Blütenstände und der ersten Früchte kann die Pflanze erste Anzeichen von Erschöpfung zeigen: verzögerter Wuchs und trotz Hitze langsam reifende Früchte. Dann hilft phosphor- und kaliumreicherer Dünger. Sprühen mit einem Absud aus Schachtelhalm (Seite 110) alle 14 Tage ist willkommen. Um Mehltaubefall bei feucht-heißem Wetter vorzubeugen, sprüht man mehrere Tage hintereinander einen Knoblauch-Zwiebel-Aufguss, am ersten Tag mit 5 % Brennnesseljauche.

Ernte und Lagerung

Es gibt unterschiedlich dicke Tomaten mit verschiedenen Strukturen und Farben. Haben die Früchte den je nach Sorte gewünschten Reifegrad erreicht, erntet man die sich leicht lösenden Kirschtomaten vorsichtig von Hand, die anderen schneidet man mit einer Gartenschere am Stil ab. Ende September sollte man alle Blätter der Pflanze entfernen, damit die letzten Tomaten reifen können. Im Oktober die Pflanze komplett aus der Erde ziehen und die geernteten Früchte drinnen ausreifen lassen.

Tomaten halten sich einige Tage frisch und können roh oder gekocht gegessen werden. Man kann sie zum Aufbewahren einkochen oder einfrieren (nach Entfernen der Haut durch Blanchieren).

Lebensqualität
Richtet man sich nach den Pflanzrastern und Ratschlägen zum Quadratanbau, ist der Gemüsegarten ertragreich, ökologisch, ästhetisch und für den Gärtner bequem zu bearbeiten.

Zichorien

Frisée-Endivie
Glatte Endivie
Zuckerhut

- Botanischer Name: *Cichorium* sp.

Arten, Varietäten und Züchtungen
- Familie: Korbblütler
- Lebensdauer: zweijährig, einjährig (die Wildform mehrjährig)
- Kategorie des Gemüses:

Wahl des Standortes
- Standort:
- Wuchshöhe: 20–30 cm
- Boden: nährstoffreich, leicht, locker, frisch und humos

Anzahl und Pflanzraster

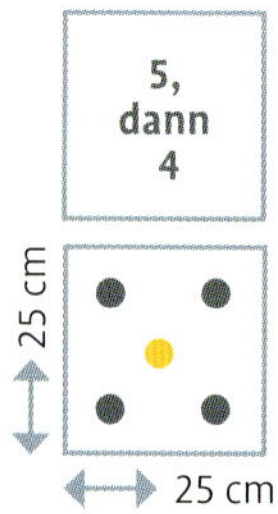

Belegung der Parzelle
3 bis 8 Monate (bei Jungpflanzen)

Fruchtwechsel
2 Jahre

Mit Endivien und Zuckerhut als Ergänzung zum Grünen Salat hat man über lange Zeit Salat zur Hand. Die Frisée-Sorten eignen sich für die frühe Saison und den Sommer, Glatte Endivien (winterhart bis –5 °C) und Zuckerhut (bis –10 °C) erntet man im Herbst und Winter. In günstigem Klima und etwas geschützt, kann Letztgenannter überwintern und man hat erstes Grün im Folgejahr.

Zeit zur …	Winter			Frühling			Sommer			Herbst		
	J	F	M	A	M	J	J	A	S	O	N	D
Aussaat im Gewächshaus/Folienbeet				x	x	x	x	x	x			
Pflanzung					x	x	x	x	x	x		
Ernte	x	x	x	x	x	x	x	x	x	x	x	x

Planung

Endivien und Zuckerhut kann man leicht platzieren, sofern man sicherstellt, dass die anderen, weiter entwickelten Gemüse, wie z. B. Kohl, zum Pflanztermin sie nicht durch dichtes Blattwerk stören.

Die mittleren Parzellen eines Beetes sind nicht geeignet, diese Gemüsearten brauchen den Wegesrand, um sich dorthin auszubreiten.

Um den Erntezeitraum so lange wie möglich, insbesondere in den Herbst und Winter hinein auszudehnen, muss die Saat unbedingt gestaffelt werden.

Die sonnigen, warmen Parzellen sind in der Frühsaison und zum Saisonausklang zu bevorzugen, im Sommer dagegen die schattigen.

Meine Planungsidee

Ab August mulche ich die mit einer Handvoll Kompost angereicherte Parzelle 1 Woche, bevor ich die Zichorienarten auspflanze.
Ab Mitte September plane ich die Pflanzung im selben Quadratbeet wie den Feldsalat ein, sodass ich die Parzellen später zum Schutz mit einem Mini-Gewächshaus versehen kann.

Aussaat oder Jungpflanze?

Die Aussaat erfolgt je nach Wahl der Sorte zu unterschiedlichsten Zeiten. Am besten sät man ab Mitte Mai in einer Ecke des Gemüsegartens unter Folienhauben wegen der gefräßigen Schnecken. Vorherige Saat, im Gewächshaus, ist etwas heikel, aber man kann früher auspflanzen. Jungpflanzen gibt es in Pflanzgärtnereien, die unterschiedliche und für die Saison geeignete Sorten anbieten.

Aus dem Zichoriensortiment lassen sich drei Vertreter im Quadratbeet anbauen:

1 Krausblättrige Endivie oder Frisée (*Cichorium endivia* var. *crispum*)

2 Glattblättrige Endivie oder Winterendivie (*Cichorium endivia* var. *latifolium*)

3 Zuckerhut (*Cichorium intybus* var. *foliosum* 'Pain de Sucre')

Die erste erkennt man an den schmalen, stark gezähnten Blättern. Es gibt eine Vielzahl an Züchtungen. Die zweite unterscheidet sich durch breitere, an den Rändern kaum gezähnte Blätter. Die dritte sieht mit den großen Blättern und dem festen Kopf völlig anders aus.

Bei jeder dieser botanischen Varietäten gibt es zahlreiche Kultivare. Bei Wassermangel schießen sie rasch in die Blüte. Ihre morgendlichen Blüten sind wunderbar leuchtend blau (siehe nebenstehende Abbildung).

Pflanzung

1 und **2** Die Strohschicht beiseiteschieben und den Boden ordentlich mit der Grabgabel bearbeiten, damit die Erde belüftet und locker wird.

3 Nach dem Wässern der Wurzelballen fünf Pflanzen gemäß Raster und Abstandsvorgaben verteilen. Die beiden Endivien, die auf den Weg wachsen dürfen, kommen direkt neben die Beeteinfassung.

4 Unter jeder Pflanze ein Pflanzloch in der Tiefe des Ballens ausheben.

5 Die Pflänzchen in das Loch stecken und die Erde wieder zusammenschieben, das gesamte Blattwerk bleibt aber frei.

6 Am Fuß jeder Pflanze mit dem Strahl der Gießkanne wässern, ohne die Blätter zu benetzen.

7 Die gesamte Parzelle nun um die Blätter herum mit Mulch, wie z. B. Stroh, bedecken.

Benötigtes Material
- Reifer Kompost
- Mulch (z. B. Stroh)

Merkzettel
Wenn die Parzelle nicht 1 Woche vor der Pflanzung mit Mulch bedeckt wurde, sollten Sie den Knet-Test machen, um festzustellen ob der Boden ausreichend humushaltig ist. Erforderlichenfalls müssen Sie Kompost einarbeiten.

Pflege

Mulchen

Mulchen ist zwingend notwendig, um den Boden kühl und frisch zu halten. Daher sollte man die Schicht sehr bald um die Jungpflanzen verteilen und dabei etwas Platz zum Gießen lassen. Farn hat den Vorteil, Schnecken und Nacktschnecken fernzuhalten. Auch eignet sich Klee oder Heu. Holzhäcksel dagegen sind zu breit und zu schwer.

Gießen

Endivien und Zuckerhut müssen regelmäßig mit dem Strahl von unten gegossen werden. Selbst kurzzeitige Trockenheit vertragen sie nicht, da sie dann nicht weiterwachsen, sondern vorzeitig Blüten treiben.

Düngen

Die ersten Pflanzen profitieren noch von der Aufbereitung des Bodens im Spätwinter (Düngung und Auflockerung). Während des Sommers ist es vorteilhaft, mit stickstoffreicher Brennnesseljauche zu gießen. Für die Kulturen im Herbst und Winter bringt man Ende September oder Anfang Oktober nochmals Dünger aus, und ergänzend sprüht man einen Bodendünger in Pulverform (Seite 85).

Kälteschutz

Zu Beginn des Winters werden Schutzhauben aufgestellt und eine dicke Schicht Mulch verteilt. Abgestorbenes Laub eignet sich dazu gut.

Ernte und Lagerung

Zur Ernte werden die Zichorienarten unter dem Kopf direkt über dem Boden abgeschnitten. Die mittlere Pflanze wird zuerst geerntet, damit die anderen mehr Platz haben. Ihre Wurzeln bleiben bis zur Ernte der letzten Pflanze in der Erde, dann werden alle entfernt. Endivie und Zuckerhut können als Salat oder gegart verzehrt werden.

Frisée-Sorten werden gewöhnlich gebleicht, indem man 14 Tage vor der Ernte entweder das Grün zusammenbindet oder über das Salatherz einen undurchsichtigen Behälter stülpt. Es gibt spezielle Hauben, doch ein Blumentopf eignet sich genauso. Die gesamte Zeit hindurch sollte man aber die Abdeckung kontrollieren, damit keine Fäulnis entsteht. Bleichen macht die Blätter zarter und den Geschmack milder. Bei manchen Züchtungen ist das jedoch nicht mehr nötig. Sie enthalten weniger Bitterstoffe und die dichten Blätter bilden ein weißes Salatherz.

Endivien werden auch noch spät in der Saison geerntet, überwintern aber nicht. Die Ernte des Zuckerhuts kann man hinauszögern. Manche versuchen sogar, die Pflanzen über den Winter vor Frost geschützt auf dem Beet zu lassen. Sicherer ist es aber, man hebt sie aus und bettet sie lichtgeschützt und trocken auf Sand.

Gärtnertipp

Hacken

Einmal durchhacken wiegt zweimal gießen auf. Mit dieser Gartenweisheit ist alles gesagt. Wenn sich der Boden setzt und obenauf verkrustet, dann nennt man dieses Phänomen Verdichten. Je nach Bodenzusammensetzung und Witterung geht es langsam oder schnell vonstatten. Hart geworden, ist das Substrat weder wasser- noch sauerstoffdurchlässig. Hacken hilft, dies zu vermeiden, daher auch obiges Sprichwort. Regen- und Gießwasser dringen in den Boden ein und rinnen nicht davon, der Boden atmet und ebenso die gesamte darin lebende Fauna. Selbst unter einer Schicht Mulch sollte man zuweilen hacken, vor allem wenn die Kulturen monatelang stehen. Hacken ist auch deshalb sehr nützlich, weil dadurch unerwünschte Kräuter und Insektenlarven entfernt werden.

Zucchini

- Botanischer Name: *Cucurbita pepo*
- Familie: Kürbisgewächse
- Lebensdauer: einjährig
- Kategorie des Gemüses:

Wahl des Standortes
- Standort:
- Wuchshöhe: 40–50 cm
- Boden: leicht, locker und wasserdurchlässig, frisch und humos

Anzahl und Pflanzraster

1 Pflanze auf 4 Parzellen

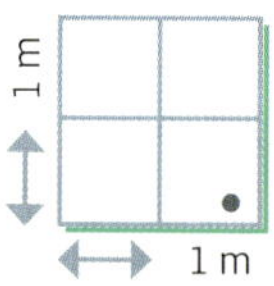

Belegung der Parzelle
5 Monate (bei Jungpflanzen)

Fruchtwechsel
2 Jahre

Eine buschig wachsende Sorte mit kompakter Statur passt sehr gut in das Pflanzquadrat. Sicherlich braucht dieses Gemüse etwas Platz, aber es revanchiert sich bis in den Herbst hinein durch üppigen Ertrag – bis zu 30 Zucchini pro Pflanze – und einen hübschen Anblick.

Zeit zur …	Winter			Frühling			Sommer			Herbst		
	J	F	M	A	M	J	J	A	S	O	N	D
Aussaat im Gewächshaus, dann unter Folie				x	x	x						
Pflanzung					x	x	x					
Ernte						x	x	x	x	x		

Planung

Dieses Gemüse muss wegen der großen Fläche, die es beansprucht, sofort nach den Sonnenanbetern eingeplant werden: vier Parzellen im Quadrat und dazu noch an der Ecke, sodass die Pflanze sich auf den Wegen ausbreiten kann.

Zucchinipflanzen brauchen Licht und vertragen keine schattigen Parzellen.

Der Boden muss humusreich sein. Einmal gesetzt und mit Stroh bedeckt, erlaubt dieses Gemüse mit seinen riesigen Blättern kaum mehr gärtnerische Eingriffe, auch wenn es mehrere Monate lang an Ort und Stelle bleibt.

Aussaat oder Jungpflanze?

Im ersten Jahr kauft man am besten zwei Pflanzen aus biologischem Anbau, um die langen oder runden Sorten zu verkosten. Die letzte Möglichkeit zum Auspflanzen ist der Frühsommer. Aus der ersten Ernte kann dann das Saatgut für das Folgejahr gewonnen werden.

Meine Planungsidee

Nach dem Ausbringen von Kompost zu Beginn der Saison lasse ich die vier Parzellen brach unter einer Schicht Mulch liegen und lockere mit der Gabel von Zeit zu Zeit den Boden, damit Sauerstoff hinkommt.

Die Frucht ist länglich oder rund, grün oder gelb. Auch Kindern gelingt die Aussaat leicht. Gesät wird ab Mitte Mai in den erwärmten Boden – und das Ergebnis ist bemerkenswert.

1
2
3
4
5
6
7
8

Pflanzung

1 Mit der Grabgabel das Beet lockern, damit ein krümeliger, luftiger Boden entsteht.

2 und **3** Eine ordentliche Handvoll reifen Kompost unter das Substrat mischen, damit die Pflanze günstige Bedingungen zum Wurzeln findet.

4 Gemäß Pflanzraster in der Ecke der vorgesehenen Parzellengruppe ein Pflanzloch ausheben, 5 cm tiefer als die Höhe des Anzuchtballens. Wässern, damit die Mischung aus Erde und Kompost gut durchfeuchtet wird.

5 Pflanze mit dem Anzuchttopf wässern und dann austopfen. Auf die empfindlichen Triebe achten und nötigenfalls die Wurzeln lockern, sofern sie zu sehr eingezwängt waren (siehe Seite 145).

6 und **7** In die Humusmischung setzen, den Boden um den Pflanzballen bis auf Höhe der ersten Blattstängel zusammenschieben. Rundum gut festdrücken, dabei leicht schräg zum Außenrand der Parzelle fixieren, und eine Gießmulde bilden.

8 Die vier Parzellen mit einer 4 cm dicken Mulchschicht bedecken und dabei die Gießmulde aussparen.

Schutzmaßnahmen treffen: Eine Haube für kühle Nächte oder eine Kiste als Sonnenschutz (siehe unten).

Benötigtes Material
- Reifer Kompost
- Mulch

Merkzettel
Keinesfalls frischen Mist verwenden.

Gärtnertipp

Jungpflanzen schützen

Jungpflanzen sind empfindlich, wenn sie aus den Töpfen ins Freiland übersiedeln, wo ihre Wurzeln sich ausbreiten müssen, um Wasser aufzunehmen. Zucchini werden beispielsweise in sonnigen Zeiträumen gesetzt. Dann ist allerdings die Gefahr von Hitzeschäden groß: Die Transpiration setzt ein und die Pflanze verliert viel Wasser, ohne dies wirklich ausgleichen zu können. Also wässert man ordentlich beim Pflanzen (Seite 161) und stellt einen Sonnenschutz auf, z. B. eine umgedrehte Gemüsekiste.
Im Gegensatz dazu werden manche Gemüse zu Beginn der Saison oder im Herbst gepflanzt, wenn die Temperaturen ziemlich niedrig, manchmal auch im negativen Bereich sind. Die Jungpflanze bekommt dann unter Umständen einen Kälteschock, wovon sie sich nur schwer erholt. Man verwendet dann stärkere Schutzhüllen oder Glaskästen, die am Nachmittag verschlossen werden, damit die Luft darin sich für die Nacht erwärmt. Eine Bodenbedeckung erhält die Wärme des Bodens.

Geschädigte Fruchtkörper werden entfernt. Die Pflanze braucht entweder Wasser oder Dünger.

Pflege

Schräg anhäufeln

Dies erfolgt während des gesamten Pflanzenwachstums. Die Pflanze entwickelt sich in regelmäßiger Weise um einen zentralen Haupttrieb, der mit dem Größenwachstum auch verholzt. Er ist wunderbar geeignet, um ihn schräg zur Außenkante der Parzelle hin zu ziehen.

Beetbedeckung und Bewässerung

Die Mulchschicht hält das Substrat humos. Gegossen wird nach Bedarf mit dem Strahl am Fuß der Pflanze zwischen den Blattstielen hindurch. Austrocknung verträgt die Pflanze gar nicht. Sie stellt das Wachstum ein und die Früchte reifen nicht mehr. Gehölzhäcksel, Stroh oder Heu eignen sich als Beetbedeckung. Dieser Mulch bleibt während der gesamten Anbauzeit auf allen vier Parzellen liegen, damit man nicht jäten muss und die Bodenqualität erhalten bleibt.

Düngung

Da die Pflanze im Juni ins Beet kommt, profitiert sie noch von der Frühjahrsdüngung. Mitte Juli können sich erste Schwächungen zeigen, weil die Pflanze gerade dann viele Früchte ansetzt. Man gibt daher einen kaliumreichen Dünger sowie Spurenelemente in Form von Meeresalgen. Letztere sind wichtig zur Abwehr von Mehltau, unter dem die Zucchini geradezu unausweichlich leiden. Regelmäßiges Besprühen mit Schachtelhalmabsud alle 14 Tage empfiehlt sich, um das Auftreten dieses an den weißen, puderähnlichen Flecken erkennbaren Pilzes zu verzögern oder gänzlich zu unterbinden.

Wenn Mehltau auftritt, besprüht man 3 bis 5 Tage hintereinander die Blätter mit Schachtelhalmabsud. Betroffene Blätter werden entfernt und verbrannt.

Befruchtung einer weiblichen Blüte.

Die Beetbedeckung (Mulch) um eine Zucchinipflanze herum pflegen.

Ernte und Lagerung

Zucchini werden bis Oktober regelmäßig geerntet, sobald die länglichen Früchte etwa 5 cm und die runden Sorten zwischen 10 und 15 cm Durchmesser haben. Doch dieses Gemüse wächst rasch und es kann passieren, dass diese Maße innerhalb eines Tages überschritten sind! Man kann die Früchte trotzdem noch essen. Sie haben dann weniger Fruchtfleisch und mehr Kerne, sind gekühlt aber länger lagerfähig.

Man erntet von Hand, indem man die Frucht abdreht: Der Blütenstiel verdreht sich erst, danach löst er sich.

Junge Zucchini werden roh gegessen oder mit Schale gegart. Auch die männlichen Blüten kann man zubereiten, z. B. im Teigmantel.

Register

Über die Autorin

Anne-Marie Nageleisen, Gärtnerin von Beruf, baut seit 2003 Quadratbeete an und hat seither in verschiedenen Regionen Frankreichs derartige Gemüsegärten angelegt und gepflegt. Auf der Grundlage ihrer Erfahrungen und Versuche beschreibt sie diese Anbaumethode in ihren Büchern. Ihr Credo lautet: Verstehen, damit der Anbau gelingt, ökologisch ist und man daran Freude hat. Das vorliegende Praxishandbuch ist die Fortsetzung zu ihrer 2011 im Verlag Eugen Ulmer erschienen ersten Publikation *Gärtnern im Quadrat. Reiche Ernte auf kleinstem Raum*. Zudem hat sie eine Internetseite über den Gemüseanbau im Quadrat erstellt: www.potagerencarres.info (in französischer Sprache).

Dank

Seit 2010 ist „Maries Gemüsegarten“ in Fontaine-Daniel im Departement Mayenne, Frankreich verwurzelt. Von ganzem Herzen danke ich an dieser Stelle allen, die den Garten seit dem ersten Spatenstich begleitet und mit mir so herzlich den „Gartenbund Mayenne“ geknüpft haben:

Martine Baeder, Mireille und Claude, Marie-Jeanne und Pierre Souday, Marc Girard, Raphaël Denis, Victor-Manuel Da Silva Passinhas, Marie und Bruno Denis, den Danieli-Fontaines und Danieli-Fontains, Yves und seiner Frau, Daniel, Gilbert, Louis und seiner Frau, Madame Lesaint, Marie-Hélène und Claude, Irène, David und Myriam, Jean-Louis, Jacques, Sophie und Benoît, Christelle und allen, die in diesem Dorf die Scholle feiern.

Hervé Morand (Farbfotos) für die schönen Bilder der Arbeitschritte, die er für dieses Buch angefertigt hat, und seine Geduld und Freundlichkeit, mit der er mich von einem Quadratbeet zum nächsten während der gesamten Saison des Gemüsegartens begleitete.

Chantal Larmoire, Bio-Gemüsegärtnerin auf dem Wochenmarkt in Evron, für die reiche Vielfalt unterschiedlicher Gemüse und qualitativ hochwertiger Pflanzen, die sie anbaut, und dafür, dass sie sich um meine letzten Kohlrabi-Setzlinge gekümmert hat!

Dieses Buch widme ich meinem Vater Pierre.

Bildnachweis

Sébastien Benoit: Seite 122 unten, 163 unten.

Jean-Michel Groult: Seite 20 (Nr. 1, 2, 4, 5), 21 (Nr. 10, 15, 16, 17).

Istockphotos: Seite 36 (6), 55.

Hervé Morand: Titelbild und U4 (1 Foto oben), Seite 6, 8, 11, 21, 38, 44, 45, 46 oben links, 47 oben, 52, 54, 57, 58, 59 unten, 61, 62, 65 oben, 68, 70, 71, 72, 73, 74 unten (2 Fotos), 77, 78, 79 unten, 82, 83, 84 unten, 85, 86, 88, 89, 93 unten, 94, 95 unten, 97, 98 Mitte und unten, 101, 102, 103, 105, 106 Mitte, 107, 108, 109 oben, 112, 113, 114 oben, 117, 118, 121, 125, 126, 130, 131, 132 rechts, 133, 134, 135 unten, 138, 139 Mitte und unten, 140, 141, 144, 145, 146, 147, 149, 151, 157, 158, 159, 161, 162, 163 oben (6 Fotos), 164 unten, 167, 168, 172, 173, 174 oben, 175, 180, 181, 184, 185, 186 oben, 187 unten.

Anne-Marie Nageleisen: U4 (4 Fotos unten), Seite 4, 5, 7, 9, 10, 12–13, 15, 16, 17, 18, 19, 20 (Nr. 3, 6, 7, 8), 21 (Nr. 9, 11, 12, 13, 14, 18), 25, 26, 29, 34, 36 (Nr. 1–5 und 7–9), 39, 40, 42–43, 46 (rechts und unten links), 47 unten, 51, 53, 59 oben, 63, 64, 65 unten, 66–67, 69, 74 oben, 75, 76, 79 oben, 81, 84 oben, 87, 90–91, 93 oben, 95 oben, 98 oben, 100, 104, 106 oben und unten, 109 unten, 110, 111, 114 unten, 115, 120, 122, 124, 127, 128–129, 132 links, 135 oben, 137, 139 oben, 143, 150, 152–153, 154, 156, 160, 163 unten, 164 oben, 165, 169, 171, 174 unten, 176–177, 179, 183, 186 Mitte und unten, 187 oben, 188.
Alle Zeichnungen aus der Hand der Autorin.

Impressum

Die in diesem Buch enthaltenen Empfehlungen und Angaben sind von der Autorin mit größter Sorgfalt zusammengestellt und geprüft worden. Eine Garantie für die Richtigkeit der Angaben kann aber nicht gegeben werden. Autorin und Verlag übernehmen keinerlei Haftung für Schäden und Unfälle.

Bibliografische Information der Deutschen Nationalbibliothek
Die Deutsche Nationalbibliothek verzeichnet diese Publikation in der Deutschen Nationalbibliografie; detaillierte bibliografische Daten sind im Internet über http://dnb.d-nb.de abrufbar.

Die französische Originalausgabe erschien 2011 unter dem Titel Anne-Marie Nageleisen, Le guide pratique du potager en carrés – Tout pour planifier et cultiver.

Wollgrasweg 41, 70599 Stuttgart (Hohenheim)
E-Mail: info@ulmer.de
Internet: www.ulmer-verlag.de
Lektorat: Sabine Drobik, Doris Kowalzik
Herstellung: Gabriele Wieczorek
Satz: r&p digitale medien, Echterdingen
Druck und Bindung: Westermann Druck, Zwickau
Printed in Germany

ISBN 978-3-8001-0384-3

Unter der Lupe: die Praxiskarten

In den Kulturanleitungen finden sich alle Angaben, wie die einzelnen Kulturen zu planen sind, der Boden vorbereitet werden sollte und wie man aussät bzw. pflanzt.

Zu welcher Pflanzenfamilie gehört das Gemüse?
Um die Grundlagen der richtigen Pflanzenkombinationen (Seite 27) anwenden zu können, veranschaulichen die farbigen Quadrate die Zugehörigkeit zu den botanischen Familien. Der botanische Name informiert über Gattung und Art (Seite 30).

Lauchgewächse	Kreuzblütler	Hülsenfrüchtler	Süßgräser
Doldenblütler	Gänsefußgewächse	Lippenblütler	Nachtschattengewächse
Korbblütler	Kürbisgewächse	Knöterichgewächse	Baldriangewächse

- Botanischer Name: *Solanum melongena*
- Familie: Nachtschattengewächse
- Lebensdauer: einjährig
- Kategorie des Gemüses:

Wahl des Standortes
- Standort:
- Wuchshöhe: 60–80 cm
- Boden: tief und wasserdurchlässig, frisch und humos

Anzahl und Pflanzraster

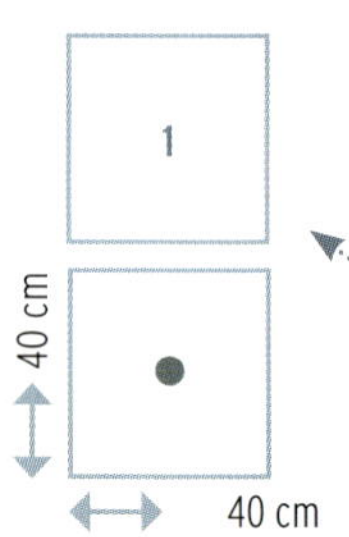

Belegung der Parzelle
4 bis 5 Monate (bei Jungpflanzen)

Fruchtwechsel
4 Jahre

Lebensdauer
Sie ist bedingt durch den Lebenszyklus der Pflanze (siehe Seite 36)

Kategorien des Gemüses
Zusammen mit der Pflanzenfamilie bestimmt dieser Aspekt den Fruchtwechsel (siehe Seite 24).

Blattgemüse Wurzelgemüse Fruchtgemüse Blütengemüse

Welches ist der beste Standort?
Bei der Verteilung der Parzellen ist das Lichtbedürfnis des jeweiligen Gemüses zu beachten:

- vollsonnig und warm
- sonnig
- schattentolerant

Wuchshöhe
Die Angabe der durchschnittlichen Wuchshöhe dient bei der Planung der Kulturen dazu, den Schattenwurf auf Nachbarparzellen einzubeziehen.

Welcher Boden eignet sich?
Anhand dieser Angabe wählt man die Kulturen in Übereinstimmung mit der Bodenbeschaffenheit aus (siehe Seiten 46 und 50). Man bereitet die Parzelle für Aussaat oder Pflanzung durch Graben, Hacken und Kompostgabe vor und pflegt durch Hacken, Wässern und Mulchen.

Wie viele Individuen finden wo ihren Platz in der Parzelle?
Die Mengenangabe hilft in der Planungsphase (Seite 28) bei Beschaffung des Saatgutes oder der Jungpflanzen. Die Position im Quadrat und die Abstandsangaben zeigen an, welcher der für das Gedeihen eines Gemüses günstigste Abstand und Standort in der Parzelle ist, ohne dass benachbarte Kulturen beeinträchtigt werden.

↔ Abstand der Reihen ↕ Abstand der Individuen einer Reihe

Die grünen Kanten zeigen an, ob eine Kultur am Rand oder in einer Eckparzelle stehen muss, um sich zum Weg hin ausbreiten zu können.

Wann darf die Parzelle wieder mit der gleichen Art bepflanzt werden?
Dadurch, dass man ein und dasselbe Gemüse nicht fortwährend an der gleichen Stelle anbaut, wird der Boden nicht so stark ausgelaugt und Krankheiten vorgebeugt.

Wie lange ist die Parzelle belegt?
Die angegebene Zeitdauer ist ein Durchschnittswert für den Zeitraum von der Saat oder Pflanzung bis zur letzten Ernte. Sie wird zur Planung der Kulturen benötigt (siehe Seiten 47 und 92).